Février 92
A. Berteloot - Engel

LE CRÉPUSCULE
DES PENSÉES

Cioran

LE CRÉPUSCULE
DES PENSÉES

Traduit du roumain
par Mirella Patureau-Nedelco
Revu par Christiane Frémont

Méandres

L'HERNE

Édition roumaine : *Amurgul Gândurilor*
Sibiu, *Dacia Traianà* 1940

« ...*nourrissez-le avec le pain et l'eau de la tristesse.* »

Chroniques, II, 18

CHAPITRE I

Dites que l'univers n'a aucun sens, vous ne fâcherez personne – mais affirmez la même chose d'un individu, il ne manquera pas de protester, et ira jusqu'à prendre des mesures contre vous.

Nous sommes tous ainsi : dès qu'il s'agit d'un principe général, nous nous mettons hors de cause et n'avons aucune gêne à nous ériger en exception. Si l'univers n'a pas de sens, y a-t-il quelqu'un qui échappe à la malédiction de cette sentence ? Tout le secret de la vie se réduit à ceci : elle n'a aucun sens, chacun de nous, pourtant, lui en trouve.

*

La solitude n'apprend pas à être seul, mais le seul.

*

Dieu a tout intérêt à protéger ses vérités. Un simple haussement d'épaules, parfois, les démolit toutes ; car il y a beau temps que nos pensées les ont fait s'écrouler. Même un ver troublerait son sommeil, pour peu qu'il soit capable d'inquiétude métaphysique.

La pensée de Dieu fait obstacle au suicide, mais non point à la mort. Elle ne saurait apprivoiser l'obscurité qui eût pu l'effrayer lorsqu'il cherchait son pouls parmi la terreur du Rien.

*

Diogène, dit-on, aurait été faux-monnayeur. — Qui ne croit pas en la vérité absolue a droit de tout falsifier. Né après Jésus-Christ, Diogène eût été un saint. Où pourraient mener notre admiration pour les Cyniques et deux mille ans de christianisme? A un Diogène tendre.

Platon a nommé Diogène « un Socrate fou ». Difficile de sauver Socrate.

*

Si l'agitation sourde qui m'habite s'exprimait à voix haute, chaque geste serait une génuflexion devant un mur des lamentations. De naissance je porte un deuil) — le deuil de ce monde.

*

Tout ce qui ne s'oublie pas use notre substance; le remords est l'antipode de l'oubli. C'est pourquoi il se lève, menaçant comme un monstre ancien qui vous détruit d'un regard, ou remplit tous vos instants de sensations de plomb fondu dans le sang.

Les hommes simples éprouvent du remords par suite d'un événement quelconque; comme ils en voient clairement les motifs, ils *savent* d'où il procède. Il serait vain de leur parler d'« accès », ils ne comprendraient pas la force d'une souffrance inutile.

Le remords métaphysique est un trouble sans cause, une inquiétude éthique en marge de la vie. Vous n'avez aucune faute à regretter, et pourtant vous éprouvez du remords. Vous ne vous souvenez de rien, mais le passé vous envahit d'un infini de douleur. Sans avoir rien fait de mal, vous vous sentez responsable du mal de l'univers. Sensation de Satan en délire de scrupule. — Le principe du Mal pris dans les problèmes éthiques et la terreur immédiate des solutions.

Plus vous montrez d'indifférence au mal, plus vous approchez du remords essentiel. Celui-ci est parfois trouble, équivoque : c'est alors que vous portez le poids de l'*absence* du Bien.

*

Le violet couleur du remords. (L'étrange, en lui, vient de la lutte entre la frivolité et la mélancolie, et du triomphe de celle-ci.)

Le remords est la forme éthique du regret. (Lequel devient problème, mais non tristesse.) Un regret élevé au rang de souffrance.

Il ne résout rien, mais avec lui tout *commence*. La morale apparaît au premier frémissement du remords.

Un douloureux dynamisme en fait un somptueux et vain gaspillage de l'âme. Seule la mer, et la fumée des cigarettes, nous renvoient son image.

Le péché est l'expression religieuse du remords, le regret son expression poétique : celui-ci limite inférieure, celui-là supérieure.

Vous vous lamentez sur quelque chose dont vous êtes la cause... Vous étiez libre de donner un autre cours aux événements, mais l'attraction du mal ou de la vulgarité a vaincu la réflexion éthique. Il y a dans le remords un mélange de théologie et de vulgarité : de là son ambiguïté.

L'on ne ressent jamais plus douloureusement l'irréversibilité du temps que dans le remords. L'irréparable n'est que l'interprétation morale de cette irréversibilité.

Le mal nous révèle la substance démoniaque du temps; le bien, le potentiel d'éternité du devenir. Le mal est abandon, le bien, calcul inspiré. Nul ne pourrait différencier rationnellement l'un de l'autre, mais nous

sentons tous la chaleur douloureuse du mal et le froid
extatique du bien.

Leur dualisme se transpose dans le monde des valeurs
sous un autre plus profond : innocence ou connaissance.

Ce qui distingue le remords du désespoir, de la haine
ou de l'épouvante, c'est un attendrissement, un pathétique de l'incurable.

*

Tant d'hommes ne sont séparés de la mort que par
la nostalgie qu'ils en ont! La mort s'y forge un miroir
de la vie où elle puisse se contempler.

La poésie : instrument d'un narcissisme funèbre.

*

Les animaux, ainsi que les plantes, sont tristes, mais
n'ont pas fait de la tristesse un instrument de connaissance. En cet usage précisément, l'homme cesse d'être
nature. A regarder autour de nous, qui ne s'aperçoit
que nous sommes liés d'amitié aux plantes, aux animaux
et à bien des minéraux, mais à l'homme, jamais.

*

Le monde est un Non-Lieu universel. C'est pourquoi
vous n'avez nulle part où aller, jamais...

*

Tous ces moments où la vie se tait, pour vous laisser
entendre votre solitude... A Paris, comme dans un
hameau lointain, le temps se retire, se recroqueville dans
un coin de la conscience, et vous restez avec vous-même,
vos ombres et vos lumières. L'âme s'est isolée, et dans
des convulsions indéfinies, monte à la surface comme

un cadavre repêché des profondeurs. C'est alors qu'on se rend compte qu'on peut *perdre son âme* autrement qu'au sens biblique.

*

Toute pensée ressemble aux gémissements d'un ver que piétineraient les anges.

*

Vous ne pouvez comprendre ce que signifie la « méditation » si vous n'êtes pas habitué à écouter le silence. Sa voix invite au renoncement. Toutes les initiations religieuses sont des immersions dans ses profondeurs. J'ai commencé à comprendre la doctrine de Bouddha dès l'instant où me saisit la terreur du silence. Le mutisme cosmique enseigne tant de choses, que seule la lâcheté nous pousse dans les bras de ce monde.

La religion est une révélation atténuée du silence, un adoucissement de la leçon de nihilisme que nous soufflent ses chuchotements, filtrés par notre inquiétude et notre prudence...

Ainsi, le silence s'installe aux antipodes de la vie.

*

Chaque fois que le mot *égarement* me vient à l'esprit, l'homme se révèle à moi. A chaque fois, il me semble que les montagnes se sont assoupies sur mon front.

*

Dans son autobiographie, Suso relate qu'il avait gravé le nom de Jésus, comme au poinçon, à l'endroit du cœur. Le sang n'avait pas coulé en vain car, au bout de quelque temps, il vit dans ces lettres une lumière,

qu'il recouvrit pour que nul ne puisse jamais la per-
cevoir. Que pourrais-je écrire sur mon cœur, sinon :
infortune ? Et l'on verrait se répéter la surprise de Suso,
de siècle en siècle, si seulement le diable avait la lumière
pour emblème. Ainsi, le cœur de l'homme se ferait
l'enseigne lumineuse de Satan.

*

Il est des clairières où les anges viennent faire halte :
au bord des déserts, j'y planterais des fleurs pour pouvoir
me reposer à l'ombre de ce symbole.

*

Il faudrait avoir l'esprit d'un sceptique grec et le
cœur de Job pour éprouver les sentiments *en eux-mêmes :*
un péché sans culpabilité, une tristesse sans raison, un
remords sans cause, une haine sans objet...
Les sentiments purs − ceux qui ont leur équivalent
dans une philosophie sans problèmes. Ainsi, la vie et
la pensée perdent tout rapport au temps et l'existence
devient une suspension. Ce qui se passe en vous ne
saurait se rapporter à quoi que ce soit, ne menant nulle
part et s'épuisant dans la finalité interne de l'acte lui-
même. Vous devenez plus *essentiel* en arrachant à votre
histoire son caractère de temporalité. Les regards vers le
ciel sont intemporels, et la vie, en soi, est encore moins
localisable que le néant.
La nostalgie de l'absolu a quelque chose de la pureté
de l'indéfinissable, qui nous doit guérir des contami-
nations de la temporalité, et servir de modèle à cette
incessante suspension. Car celle-ci, au fond, ne fait que
débarrasser la conscience de ce parasite qu'est le temps.

*

Sitôt que mes pensées vont à l'homme, la pitié les
envahit. Ainsi, je ne parviens d'aucune manière à retrou-

ver sa trace. Une rupture dans la nature s'impose dans la méditation.

*

La passion de la sainteté remplace l'alcool, de la même manière que la musique. Ainsi pour l'érotisme et la poésie. Formes variées de l'oubli, parfaitement substituables. Les ivrognes, les saints, les amoureux et les poètes se trouvent, au départ, à même distance du ciel, ou plutôt de la terre. Seuls diffèrent les chemins, mais tous sont sur *la voie* de n'être plus des hommes. C'est pourquoi la volupté de l'immanence les condamne également.

*

La timidité est un mépris instinctif de la vie; le cynisme un mépris rationnel. L'attendrissement est le crépuscule de la lucidité, une « dégradation » de l'esprit au niveau du cœur.

Toute timidité se teinte d'une nuance religieuse. La peur de n'appartenir à personne, que Dieu ne soit personne; quant à son œuvre... Le doute métaphysique crée en nous une nature qui répugne à la société, une gêne. Le manque d'audace envers les hommes – lorsque la force se décante en mépris – vient d'une vitalité incertaine de ce qui est essentiel au monde, grevée de doutes. Un instinct sûr et une foi décidée vous confèrent le droit à l'impertinence et même, vous y obligent. La timidité est une manière de voiler un regret : car l'audace n'est que la forme que prend l'absence de regret.

*

A chaque illusion perdue, on a le sentiment d'avoir servi de miroir à la toilette intime de la vie. Il n'est pas de mystère plus attendrissant que l'amour de la vie;

15

lui seul piétine toutes les évidences. Il faut n'appartenir en rien au monde pour que la vie semble un absolu. Du ciel, c'est la perspective qu'on en a.

*

Que surgisse le paradoxe, le système meurt et la vie triomphe. C'est à travers lui que la raison sauve son honneur face à l'irrationnel. Seul le blasphème ou l'hymne peuvent exprimer ce que la vie a de trouble. Qui ne saurait en user garde encore cette échappatoire : le paradoxe, *forme* souriante de l'irrationnel.

Qu'est-il, pour la logique, sinon un jeu irresponsable, et pour le bon sens, une immoralité théorique? Mais le paradoxe ne brûle-t-il pas tout ce qui est insoluble, les non-sens et les conflits qui, souterrainement, tourmentent la vie? Dès que ses ombres troubles viennent se confesser à la raison, celle-ci cache l'origine de leurs chuchotements sous l'élégance du paradoxe. Le paradoxe de salon est-il autre chose que l'expression la plus profonde que puisse affecter la légèreté?

Le paradoxe n'est pas une *solution,* il ne résout rien. Il ne peut que servir d'ornement à l'irréparable. Mais pouvoir, grâce à lui, *redresser* quelque chose, voilà le plus grand des paradoxes. Je ne puis me le représenter sans désabuser la raison, qui, par manque de pathos, est obligée de prêter l'oreille au murmure de la vie, et de renoncer à son autonomie. Dans le paradoxe, la raison s'annule elle-même; ayant ouvert ses frontières, elle ne peut plus arrêter l'assaut des erreurs qui surgissent, palpitantes.

Les théologiens sont les parasites du paradoxe. Sans son usage inconscient, ils auraient dû, depuis longtemps, déposer les armes. Le scepticisme religieux n'est autre chose que sa pratique *consciente.*

Tout ce qui n'entre pas dans les limites de la raison est motif au doute; mais, en elle, il n'y *a* rien. D'où l'élan fécond de la pensée paradoxale, qui a rempli la forme de contenu et donné cours officiel à l'absurde.

Le paradoxe prête à la vie le charme d'une absurdité signifiante... il lui rend ce qu'elle lui a donné au départ.

*

Si j'étais Moïse, je ferais sortir les regrets en frappant la roche de mon bâton. De toute manière, voilà une méthode pour éteindre la soif des mortels...

*

Le religieux n'est pas affaire de contenu, mais d'*intensité*. Dieu se détermine comme moment de nos frissons, et le monde où nous vivons devient rarement objet de la sensibilité religieuse, du fait qu'on ne peut le penser qu'aux instants *neutres*. Sans « fièvre », nous ne dépassons pas le champ de la perception – autant dire que nous ne *voyons* rien. Les yeux ne servent Dieu que lorsqu'ils ne distinguent pas les objets; l'absolu craint l'individualisation.

L'intensification de n'importe quelle sensation est signe de religiosité. Un dégoût, porté au plus haut point, nous dévoile le Mal (la voie négative vers Dieu). Le vice est plus proche de l'absolu qu'un instinct non perverti, car nous ne pouvons participer au divin que dans la mesure où nous quittons la nature.

Un homme lucide mesure ses « fièvres » à chaque pas, spectateur de sa propre passion, sans cesse sur ses traces, dans l'abandon équivoque aux inventions de sa tristesse. Dans la lucidité, la connaissance est un hommage à la physiologie.

Plus nous nous *connaissons* nous-mêmes, plus nous souscrivons aux demandes d'une hygiène qui cherche à obtenir la transparence organique. Grâce à tant de pureté, nous voyons *à travers* nous : on parvient ainsi à *assister* au spectacle de soi-même.

*

La source de l'hystérie des saints ne peut être que l'écoute du silence, la contemplation du silence de la solitude. – Mais la palpitation intérieure du temps, la perte de la conscience dans les ondes du temps? La source de l'hystérie laïque...

*

Le temps est un ersatz métaphysique de la mer. On ne pense à lui que pour vaincre la nostalgie.

*

Si l'on admet dans l'univers un réel infinitésimal, tout est réel; s'il n'y a pas « quelque chose », il n'y a rien. Faire des concessions à la multiplicité et tout réduire à une hiérarchie des apparences, c'est manquer du courage de la négation. La distance théorique et la faiblesse sentimentale qu'on a pour la vie conduisent à la solution moyenne des degrés de l'irréalité, à la fois pour et contre la nature.

Le point de vue du paradoxe exprime une indétermination essentielle de l'être, où les choses ne sont pas *établies*. Le paradoxe, tant comme situation réelle que comme forme théorique, a sa condition dans l'inaccomplissement. Un seul paradoxe, et il ferait sauter en l'air le paradis.

La contingence – ces oasis d'arbitraire dans le désert de la Nécessité – n'est repérable parmi les formes de la raison que par la mobilité que vient introduire la vivacité du paradoxe. Qu'est-il, sinon une irruption démoniaque dans la Raison, une transfusion de sang dans la Logique et une torture des Formes?

La preuve que les mystiques n'ont rien résolu, mais tout compris? Cette avalanche de paradoxes autour de

Dieu pour conjurer la peur de l'incompris. La mystique est l'expression suprême de la pensée paradoxale. Les saints mêmes ont joué de l'indétermination pour « préciser » l'indéchiffrable divin.

*

Sensations éthérées du temps où le vide se sourit à lui-même...

*

La mélancolie – nimbe vaporeux de la Temporalité.

*

L'existence démoniaque hausse chaque instant à la dignité d'événement. L'action – mort de l'esprit – émane d'un principe satanique, de sorte que nous luttons dans la mesure où nous avons quelque chose à expier. Plus que n'importe quoi, l'activité politique est une expiation inconsciente.

La sensibilité à l'égard du temps suit de l'incapacité à vivre dans le présent. On se rend compte à chaque instant du mouvement impitoyable du temps, qui se substitue au dynamisme immédiat de la vie. On ne vit plus *dans* le temps, mais *avec* lui, parallèlement à lui.

En ne faisant qu'*un* avec la vie, on *est* soi-même temps. En le vivant, on meurt avec lui, sans doutes ni tourments. La santé parfaite se réalise par l'assimilation du temps, alors que la maladie les dissocie. Mieux on perçoit le temps, plus on avance dans la dysharmonie organique.

Normalement, le passé se perd dans l'actualité du présent, s'additionne et se fond en lui. Le regret – expression de l'acuité temporelle, de la désintégration du présent – isole le passé comme actualité, lui donne vie en une véritable optique régressive. Car le regret confère au passé un *possible* virtuel : de l'irréparable converti en virtualité.

Lorsqu'on sait continûment quel agent de destruction est le temps, des sentiments surgissent alentour pour tenter de le sauver par tous les moyens. La prophétie est l'actualité du futur, comme le regret celle du passé. Ne pouvant demeurer dans le présent, nous transformons le passé et l'avenir en *présences,* en sorte que l'actuelle nullité du temps nous facilite l'accès à son infinité.

Être malade signifie vivre dans la conscience du présent, dans un présent translucide à soi-même, car la peur du passé et de l'avenir dilate l'instant à la mesure de l'intensité temporelle.

Un malade qui pourrait vivre naïvement n'est pas vraiment malade; car on peut bien être atteint de cancer, si l'on n'a pas la terreur du dénouement − cet avenir qui court vers nous, plutôt que nous après lui − on reste sain. Il n'y a de maladies que par la conscience qu'on en a, toujours accompagnée d'une hypertrophie du sens de la temporalité.

Parfois, il nous arrive de *palper* le temps, de le faire glisser entre les doigts dans des excès d'intensité qui lui donnent des contours matériels. Ou de le sentir, quelquefois, comme une brise subtile dans les cheveux. Serait-il fatigué? Cherche-t-il un abri? Il y a des cœurs plus épuisés que lui qui ne lui refuseraient pourtant pas un asile...

*

Le mal, quittant l'indifférence originaire, a pris pour pseudonyme le Temps.

*

Les hommes ont bâti le paradis en filtrant l'éternité, des « quintessences » d'éternité. Le même procédé appliqué à la temporalité nous rend la souffrance intelligible. Car, en vérité, qu'est-elle sinon quintessence du temps?

*

Après minuit, on pense comme si l'on n'était plus en vie – dans les meilleurs des cas – comme si l'on n'était plus soi-même. On devient un simple outil du silence, de l'éternité ou du vide : on se croit triste, sans savoir qu'ils respirent à travers soi. L'on est victime d'un complot des forces obscures, car une tristesse ne peut naître d'un individu si elle ne peut l'habiter : tout ce qui nous dépasse prend sa source en dehors de nous, autant le plaisir que la souffrance. Les mystiques ont rapporté à Dieu le débordement des délices de l'extase, parce qu'ils ne pouvaient admettre que l'insuffisance individuelle fût capable de tant de plénitude. Il en va ainsi de la tristesse, et du reste. On est seul, mais *avec* toute la *solitude*.

*

Lorsque tout se fait minéral, la nostalgie elle-même devient géométrie, les rochers semblent fluides devant la pétrification du vague à l'âme, et les nuances sont plus abruptes que les montagnes. On n'a plus besoin alors que du regard tremblant des chiens écrasés, ou de l'horloge détraquée d'un autre siècle – oreiller pour le front d'un fou.

*

Chaque fois que je me promène dans le brouillard, je me découvre plus facilement à moi-même. Le soleil vous rend étranger à vous-même, car en découvrant le monde, il vous lie à ses tromperies. Mais le brouillard est la couleur de l'amertume.

*

Un état de faiblesse précède les accès de pitié universelle, comme lorsqu'on marche avec le souci de ne pas se cogner aux objets. La pitié est la forme pathologique de la connaissance intuitive. Cependant, on ne saurait la classer parmi les maladies, la pitié étant un évanouissement... vertical. On tombe dans la direction de sa propre solitude...

*

Les nuits blanches – les seules *noires* – font de vous un véritable scaphandrier du temps. On descend, on descend vers son absence de fond... La plongée musicale et indéfinie vers les racines de la temporalité reste une volupté incomplète, car on ne peut toucher les limites du temps qu'en *sautant* en dehors de lui. Mais ce saut le rend extérieur à nous : on le perçoit à la marge, mais sans en avoir proprement *l'expérience*. La suspension le transforme en irréalité et lui ravit le pouvoir de suggérer l'infini – décor des nuits blanches.

Le sommeil n'a d'autre but que l'oubli du temps, du principe démoniaque qui veille en lui.

*

Dans les églises, je pense souvent que la religion pourrait être une grande chose s'il n'y avait pas les croyants, mais seulement l'angoisse religieuse de Dieu, que nous disent les orgues.

*

La médiocrité de la philosophie s'explique par le fait qu'on ne peut réfléchir qu'à basse température. Lorsqu'on maîtrise sa fièvre, on range les pensées comme des marionnettes, on tire les idées par le fil et le public ne se refuse pas à l'illusion. Mais quand le regard sur soi-même est incendie ou naufrage, quand le paysage intérieur montre la somptueuse destruction des flammes dansant sur l'horizon des mers — alors s'échappent des pensées qui sont comme des colonnes tourmentées par « l'épilepsie » du feu intérieur.

*

Si je savais qu'une seule fois les hommes ont su me rendre triste, de honte je déposerais les armes. L'on peut, parfois, les aimer ou les détester, les plaindre toujours, mais leur faire l'honneur d'une tristesse est une concession dégradante. Ces instants de générosité divine, où l'on aimerait les embrasser tous, sont des inspirations rares, de vraies « grâces ».

L'amour des hommes est une maladie tonique et, en même temps, bizarre, parce qu'il ne s'appuie sur aucune donnée réelle. Un psychologue aimant les hommes : cela n'a jamais existé, ni n'existera jamais. La connaissance ne va pas en faveur de l'humanité. — Il y a, pourtant, des pauses dans la lucidité, des récréations pour la connaissance, des crises de l'œil impitoyable qui le poussent à cette étrangeté : l'amour. Il voudrait alors s'allonger au milieu de la rue, baiser les pieds des mortels, défaire les lacets des marchands et des mendiants, ramper dans toutes les plaies et blessures sanguinolentes, donner aux regards du criminel la blancheur ailée des colombes, être le dernier des hommes *par amour !*

La connaissance et le dégoût des hommes font du psychologue, tant bien que mal, une victime de ses propres cadavres. Car pour lui, tout amour est une expiation. — Les hommes, annihilés par la connaissance, meurent en vous ; les victimes de votre dégoût pourrissent dans votre cœur. Et tout ce cimetière, qui prend vie dans le délire d'amour, dans les spasmes de l'expiation !

*

Le sublime est l'incommensurable en tant que suggestion de mort. La mer, le renoncement, les montagnes et les orgues – de manière différente, et pourtant la même, sont le couronnement d'une fin qui, bien que se consumant dans le temps, porte la destruction au-delà de lui. Car le sublime est une crise *temporelle* de l'éternité.

Le sublime, dans le cas de Jésus, vient de l'errance de l'éternité à travers le temps, de sa dégradation démesurée. Mais tout ce qui, dans l'existence du Sauveur, est *but,* affaiblit le sublime, lequel exclut les allusions éthiques. S'Il est volontairement descendu pour nous sauver, Il nous intéressera seulement dans la mesure où nous goûtons esthétiquement un geste éthique. Si, en revanche, son passage parmi nous n'est qu'une erreur de l'éternité, une tentation de mort, inconsciente, de la perfection, une expiation de l'absolu dans le temps, alors l'énormité de cette inutilité ne s'élève-t-elle pas jusqu'au sublime? – Que l'esthétique sauve encore la croix, comme symbole de l'éternité.

*

Il n'y a pas de plaisir plus grand que celui de croire qu'on a été philosophe – et qu'on a cessé de l'être.

Souffrir signifie *méditer* sur une sensation de douleur : philosopher, méditer sur cette méditation.

La souffrance est la ruine du concept : une avalanche de sensations qui repoussent toute forme.

Tout en philosophie est de deuxième, de troisième rang... Rien de *direct*. Un système se construit de dérivations successives, lui-même étant la dérivation par excellence. Le philosophe n'est rien de plus qu'un génie *indirect*.

*

Nous ne pouvons être si généreux avec nous-mêmes, que nous ne lésinions sur la liberté que nous nous accordons. Si l'on ne se mettait pas soi-même des entraves, combien chaque instant ne serait souvent qu'une survie! Ne devons-nous pas fréquemment de rester nous-mêmes rien qu'à l'*idée* de nos limites? Un pauvre souvenir d'une individualisation passée, une loque de notre propre individuation... Comme un objet qui se cherche un nom dans une nature sans identité. L'homme est fait – comme tous les êtres – à la mesure de certaines sensations. Or, il arrive qu'elles ne se rangent plus les unes après les autres, dans leur succession normale, mais surgissent toutes dans une furie élémentaire, tourbillonnant autour d'une épave – par *plénitude* – qui est le moi. Où resterait-il alors une place pour cette *tache de vide* qu'est la conscience?

*

Il y a tant de crime et de poésie en Shakespeare que ses drames semblent être conçus par une rose en folie.

*

Quelle que soit notre amertume, elle n'est pas si grande qu'elle nous dispense des chagrins d'autrui. Voilà pourquoi la lecture des moralistes français est comme un baume aux heures tardives. Ils ont toujours su ce que signifie être seul parmi les hommes; rarement ce qu'est la solitude dans le monde. Pascal même n'a pas su vaincre sa condition d'homme retiré de la société. Un peu moins de souffrance et l'on n'aurait enregistré qu'une grande intelligence. – Entre les Français et Dieu, il y a toujours eu le salon.

*

Deux choses m'ont toujours rempli d'une hystérie métaphysique : une montre qui ne fonctionne pas et une montre qui marche.

*

Plus on se désintéresse des hommes, plus on devient timide devant eux, et lorsqu'on en arrive à les mépriser, on commence à bafouiller. — La nature ne pardonne aucun pas au-delà de son irresponsabilité, et vous poursuit sur tous les sentiers de l'orgueil, en les parsemant de regrets. Comment expliquer autrement qu'à chaque triomphe au-dessus de la condition humaine, se joigne un regret équivalent?

La timidité prête à l'être humain quelque chose de la discrétion intime des plantes et, à un esprit agité de lui-même, une mélancolie résignée, tenant du monde végétal. Je ne suis jaloux d'un lys que lorsque je ne suis pas timide.

*

Si la souffrance n'était pas un instrument de connaissance, le suicide deviendrait obligatoire. Et la vie même — avec sa douloureuse inutilité, son obscure bestialité qui nous traîne dans les erreurs pour nous accrocher, de temps en temps, à une vérité — qui la supporterait, si elle n'offrait un *spectacle de connaissance* unique? En vivant les dangers de l'esprit, nous nous consolons, en *intensités,* de l'absence de vérité finale.

Toute erreur est une *ancienne* vérité. Mais il n'y a pas d'erreur *initiale* parce que ce qui distingue la vérité de l'erreur ne tient que dans la pulsation, l'animation intérieure et le rythme secret. Ainsi, l'erreur est une vérité qui n'a plus d'*âme,* une vérité usée qui attend d'être renforcée.

Les vérités meurent psychologiquement, mais non formellement; elles gardent leur validité en continuant la « non-vie » des formes, bien qu'elles n'aient plus de valeur pour personne.

Tout ce qui est vie en elles se passe dans le temps; l'éternité formelle les situe dans un vide catégoriel.

Combien de temps « dure » pour un homme une vérité? Pas plus qu'une paire de bottes. Il n'y a que les mendiants qui n'en changent jamais. Mais parce qu'on est en marche avec la vie, il faut se renouveler sans cesse, car la plénitude d'une existence se mesure à la somme d'erreurs enregistrées, à la quantité d'« ex-vérités ».

*

Rien de ce que nous *savons* ne reste sans expiation. Nous *payons* chèrement, tôt ou tard, tout paradoxe, courage de la pensée ou indiscrétion de l'esprit. Il y a un charme étrange en cette punition qui suit tout progrès de la connaissance. As-tu déchiré un voile qui couvrait l'inconscience de la nature? Tu l'expieras par une tristesse dont tu ne soupçonneras pas la source. As-tu laissé échapper une pensée chargée de bouleversements et de menaces? Certaines nuits ne peuvent pas n'être remplies que par les évolutions du repentir. As-tu posé trop de questions à Dieu? Alors, pourquoi t'étonnes-tu du fardeau des réponses non reçues?

Indirectement, par ses conséquences, la connaissance est un acte religieux.

Nous expions l'esprit avec volupté, en nous abandonnant à l'inévitable. Puisque nous ne saurions nous désintoxiquer de la connaissance, parce que l'organisme lui-même la demande, incapable de s'habituer à de petites doses — alors faisons aussi de l'acte réflexe une *réflexion*. Ainsi, la soif infinie de l'esprit trouvera une expiation équivalente.

*

Le culte de la beauté ressemble à une délicate lâcheté, une désertion subtile. Ne l'aimerait-on pas parce qu'elle nous épargne de vivre? Sous le charme d'une sonate ou d'un paysage, nous nous dispensons de la vie, avec un sourire de joie douloureuse et de supériorité rêveuse. Du sein de la beauté, tout reste *derrière* nous, et nous ne pouvons regarder vers la vie qu'en nous retournant. Toute émotion désintéressée, sans rapport immédiat à l'existence, ralentit la marche du cœur. En effet, que pourrait marquer cet organe du temps qu'est le cœur dans ce souvenir de l'éternité qu'est la beauté!

Nous retenons notre souffle devant ce qui n'appartient pas au temps. Les ombres de l'éternité, qui tombent dès que la solitude est inspirée par le spectacle de la beauté, nous coupent la respiration : comme si ses vapeurs profanaient l'immobilité infinie...

*

Si tout ce que je touchais devenait triste, si un regard furtif vers le ciel lui prêtait la couleur des chagrins, s'il n'y avait plus autour de moi un seul œil sec, si je marchais sur les boulevards comme sur des chardons, où le soleil absorberait les ombres de mes pas pour s'enivrer de douleur, alors seulement j'aurais le droit d'affirmer la vie avec fierté. Toute approbation aurait pour elle le témoignage de l'infini des souffrances, et toute joie l'appui des tristesses. Il est laid et vulgaire de « tirer » la force de l'affirmation de ce qui n'est pas plénitude du mal, douleur et chagrin : l'optimisme dégrade l'esprit parce qu'il ne découle pas de la fièvre, des hauteurs et des vertiges; ainsi d'une passion qui ne tire pas sa force des ombres de la vie. Dans le crachat, les ordures, la poussière anonyme des ruelles gît une source plus pure et infiniment plus féconde que dans la communion benoîte et rationnelle avec la vie. Nous avons suffisamment de veines par où les vérités puissent monter, de veines où il pleut, neige et où souffle le vent, où les soleils se lèvent et se couchent. Et dans notre sang, des étoiles ne tombent-elles pas pour y retrouver leur éclat?

*

Nulle place sous le soleil qui puisse me retenir, nulle ombre pour m'abriter, parce que l'espace devient flou dans l'élan de l'errance et dans la fuite inassouvie. Pour demeurer quelque part, pour avoir sa « place » dans le monde, il faut avoir accompli le miracle de se trouver en un point de l'espace, sans plier sous l'amertume. Lorsqu'on se trouve en un lieu, l'on ne fait que penser à un autre, de sorte que la nostalgie s'installe organiquement dans une fonction végétative. Le désir d'*autre chose,* de symbole spirituel, devient *nature.*

Expression de l'avidité de l'espace, la nostalgie finit par l'annuler. Qui souffre exclusivement de la passion de l'Absolu n'a pas besoin de ce glissement horizontal sur l'étendue. L'existence stationnaire des moines a son origine dans la canalisation verticale, vers le ciel, de ces désirs vagues vers d'autres lointains. L'émotion religieuse n'attend pas de consolation de l'espace; de plus, elle n'est intense que dans la mesure où elle voit en lui une occasion de chute.

Lorsqu'il n'y a pas de lieu où l'on n'ait souffert, quel autre motif invoquer à l'appui de l'errance? Et par quoi se lier à l'espace quand le bleu-noir de la nostalgie délie de soi-même?

*

Si l'homme ne savait conférer un délire voluptueux à la solitude – depuis longtemps, l'obscurité aurait pris feu.

La plus horrible décomposition dans un cimetière inconnu est une pâle image de l'abandon où l'on se trouve lorsqu'une voix inattendue, venue des airs ou des profondeurs de la terre, vous dévoile votre solitude.

N'avoir personne à qui dire jamais rien! Seulement des objets; aucun être. Et le malheur de la solitude vient du sentiment d'être entouré de choses inanimées, auxquelles on n'a rien à dire.

Ce n'est point par extravagance, ni par cynisme, que Diogène se promène avec une lampe en plein jour, pour trouver un homme. Nous savons trop bien que dans la solitude...

*

Lorsqu'on ne peut rassembler ses pensées, et qu'on se soumet, vaincu, à leur vif-argent — le monde se dissipe comme la brume et nous-mêmes avec lui, de sorte qu'il nous semble écouter, au bord d'une mer qui se retire, la lecture de nos propres mémoires écrits dans une autre vie... Où court la pensée, vers quel néant dissout-elle ses frontières? Les glaciers, fondent-ils dans les veines? Et dans quelle saison du sang et de l'esprit te trouves-tu?

Es-tu encore toi-même? Tes tempes ne palpitent-elles pas de la peur du contraire? Tu es un *autre,* tu es un *autre...*

... Les yeux perdus vers l'*autre* dans l'immaculée mélancolie des jardins.

*

Sur n'importe quoi — et d'abord sur la solitude — on est obligé de penser *en même temps* négativement et positivement.

CHAPITRE II

Sans la tristesse, aurions-nous pris conscience du corps et de l'esprit en même temps? La physiologie et la connaissance se rencontrent dans leur ambiguïté constitutive, de sorte qu'on n'est jamais plus *présent* à soi-même, plus solidaire avec soi que dans les instants de tristesse. Celle-ci – comme la conscience – nous aliène le monde et le rend extérieur, mais plus elle nous éloigne de tout, plus nous *coïncidons* avec nous-mêmes. Le sérieux – tristesse sans accent *affectif* – nous rend sensibles à un processus seulement rationnel, car sa neutralité n'a pas la profondeur qui associe les caprices des viscères à la vibration de l'esprit. Un être sérieux est un animal qui remplit les conditions de l'homme; que se perde un instant le mécanisme de la pensée : il ne verra pas avec quelle facilité il est redevenu l'animal d'autrefois. Mais ôtez la tristesse à la réflexion : il restera toujours assez de sombre imbécillité pour que la zoologie vous rejette.

Prendre les choses au *sérieux,* cela veut dire les peser sans y participer; les prendre au *tragique,* s'engager dans leur sort. Entre le sérieux et la tragédie (la tristesse prise comme action), la différence est plus grande qu'entre un fonctionnaire et un héros. Les philosophes sont de pauvres agents de l'absolu, payés par les contributions de nos chagrins; ils ont fait profession de prendre le monde *au sérieux.*

La tristesse – dans sa forme élémentaire – vient du génie de la matière : inspiration primaire *sans pensée.* Le corps a vaincu sa condition et tend à une participation

« supérieure » et, dans les formes réflexives de la tristesse, le processus se complète d'une descente de l'esprit dans les veines, pour montrer à quel point nous nous appartenons *organiquement*.

En nous ravissant à la nature et en nous rendant à nous-mêmes — la tristesse est un isolement substantiel de notre nature, à la différence de l'éparpillement ontologique du bonheur.

*

Dans les « accès » de pitié, se manifeste une attraction secrète pour « les mauvaises manières », pour la saleté ou la dégradation. Toute monstruosité est une perfection pour ce manque de « bon goût » qu'est la pitié — *mal* qui se donne les apparences *réelles* de la douceur.

Dans les déviations de la nature ou dans le raffinement vicieux de la pensée, vous ne trouverez pas de perversion plus ténébreuse, ni plus tourmentée que la pitié. Rien ne nous écarte autant de la beauté que ses « accès ». Et s'il n'était question que de beauté! Mais les vertus souterraines de ce vice nous détournent de nos buts essentiels et considèrent comme dépravation tout ce qui n'émane pas de ce goût des marécages et de la pourriture, prétexte à l'infernale volupté de la pitié.

Aucune pathologie ne l'a étudiée parce qu'elle est une maladie *pratique,* et que la science a toujours été au service des mairies. Celui qui en approfondirait les troubles intérieurs, l'enfer de l'amour pervers des hommes — pourrait-il encore tendre la main à un miséricordieux?

*

Le penseur a pour but de retourner la vie sous toutes ses coutures, d'en projeter les facettes sous toutes les nuances, de revenir sans cesse à toutes ses cachettes, de traverser en long et en large tous ses sentiers, regardant mille fois le même aspect, découvrant du *nouveau* seulement en ce qu'il n'a pas vu clairement, passant les mêmes thèmes par tous les membres, en mélangeant les esprits dans le corps — il déchire ainsi la vie en lambeaux en la pensant jusqu'au bout.

N'est-il pas révélateur de ce qui est indéfinissable dans les insuffisances de la vie, que seuls les débris d'un miroir brisé puissent nous rendre son icône?

*

Lorsqu'on a compris que les hommes ne peuvent rien vous offrir, et que l'on continue cependant à les fréquenter, c'est comme si l'on avait liquidé toute superstition tout en continuant de croire aux fantômes. Dieu, pour contraindre les solitaires à la lâcheté, a créé le sourire, anémique et aérien chez les vierges, concret et immédiat chez les femmes perdues, attendrissant chez les vieillards et irrésistible chez les moribonds. D'ailleurs, rien ne prouve plus que les hommes soient mortels que le sourire, expression de l'équivoque déchirant du provisoire. Chaque fois qu'on sourit, n'est-ce pas comme une dernière rencontre, le sourire n'est-il pas le testament parfumé de l'individu? La lumière tremblotante du visage et des lèvres, l'humidité solennelle des yeux font de la vie un havre d'où les bateaux prennent le large sans destination, transportant non des hommes, mais des *séparations*. Et qu'est donc la vie sinon le lieu des séparations?

Chaque fois que je me laisse attendrir par un sourire, je m'éloigne avec le fardeau de l'irréparable, car rien ne découvre plus terriblement la ruine qui attend l'homme que ce symbole apparent du bonheur, qui fait sentir à un cœur défeuillé le frisson du provisoire de la vie plus cruellement que le râle classique de la fin. — Et chaque fois que quelqu'un me sourit, je déchiffre sur son front lumineux l'appel déchirant : « Approche-toi, vois bien que moi aussi je suis mortel ! » – Ou lorsque mes yeux s'assombrissent – la voix du sourire flotte aux oreilles avides d'implacable : « Regarde-moi, c'est pour la dernière fois ! »

... Et c'est pourquoi le sourire vous écarte de la dernière solitude, et quel que soit l'intérêt pour ces compères en respiration et putréfaction, l'on revient vers eux pour absorber leur secret, pour se noyer en lui et pour qu'ils ne sachent pas, qu'ils ne sachent pas à quel point sont lourds d'éphémère les océans qu'ils portent en eux et les naufrages auxquels nous invite le tourment inconscient et incurable de leur sourire, à quelles tentations de disparition ils vous soumettent, en ouvrant leur âme vers vous – qui soulevez, frémissant de douleur, la dalle du sourire !

*

La germination de chaque vérité mène notre corps au pressoir : nous pressons notre vie chaque fois que nous méditons – un penseur absolu serait donc un squelette qui cacherait ses os dans la transparence des pensées.

*

La pâleur est la couleur que prend la pensée sur le visage humain.

*

Il n'y a de destin que dans l'action car, en elle, on risque tout sans savoir où l'on arrivera. La politique – exaspération de ce qui est *historique* dans l'homme – est l'espace de la fatalité, l'abandon intégral aux forces constructives et destructives du devenir.

Dans la solitude aussi l'on risque tout, mais comme cette fois-ci, l'on est *au clair* sur ce qui arrivera, la lucidité atténue l'irrationnel du sort. On anticipe sa vie, on vit le destin comme un inévitable *sans surprises* car, en effet, qu'est la solitude sinon la vision translucide de la fatalité, le maximum de luminosité dans l'agitation aveugle de la vie?

L'homme politique renonce à la conscience; le solitaire à l'action. L'un vit l'oubli, l'autre le cherche.

Une philosophie de la conscience ne peut finir que dans une philosophie de l'oubli.

*

Un homme qui pratique toute sa vie la lucidité devient un *classique* du désespoir.

*

Une femme qui regarde vers *quelque chose* offre une image d'une rare trivialité; en revanche, des yeux mélancoliques invitent à une destruction aérienne, et la soif d'impalpable étanchée dans leur azur funèbre et parfumé empêche d'être soi-même. Des yeux qui ne voient rien et devant lesquels on disparaît, pour que la présence ne fasse pas tache sur l'infini... Le regard pur de la mélancolie est l'artifice le plus étrange par lequel la femme nous fait croire qu'elle fut un jour notre compagne au Paradis.

*

La mélancolie est une religiosité sans besoin d'Absolu, un glissement hors du monde sans l'attraction de la transcendance, un penchant vers les apparences du ciel – mais insensible au symbole qu'il représente. Son pouvoir de se dispenser de Dieu – bien qu'elle accomplisse les conditions initiales pour se rapprocher de lui – fait d'elle une volupté, qui suffit à sa propre croissance comme à ses faiblesses réitérées. Car la mélancolie est un délire esthétique, fermé sur soi-même, stérile pour la mythologie. On ne trouvera en elle que le bercement d'un rêve, car elle n'engendre aucune image au-dessus de son déchirement éthéré.

La mélancolie est une vertu chez les femmes et, chez les hommes, un péché. Cela explique pourquoi ceux-ci l'ont utilisée pour la connaissance.

*

Il y a dans certains sourires féminins une approbation tendre qui vous rend malade. Ils se nichent et se déposent sur le fond des ennuis quotidiens, exerçant un contrôle souterrain. Il faut éviter les femmes — comme la musique — dans la sensibilité trouble qui augmente l'attendrissement jusqu'à l'évanouissement. Lorsqu'on parle de la peur, de la peur *elle-même,* devant une femme blonde que la pâleur spiritualise, et qui baisse les yeux pour substituer le geste à la confession — son sourire amer et brisé roule dans la chair et prolonge en échos son tourment immatériel.

Les sourires sont un fardeau voluptueux pour celui qui les distribue comme pour celui qui les reçoit. Un cœur atteint de délicatesse peut difficilement survivre à un sourire tendre. Il y a ainsi des regards après lesquels on ne peut plus se décider à rien.

*

Un flocon égaré dans l'air donne une image de vanité plus déchirante et plus symbolique qu'un cadavre. De même, un parfum inhabituel nous rend plus tristes qu'un cimetière — ou une indigestion plus pensifs qu'un philosophe. Et la main d'un mendiant qui nous montre le chemin dans une grande ville où nous sommes perdus, ne nous rend-elle pas plus religieux que les cathédrales?

*

L'angoisse du temps commence bien avant la lecture des philosophes, lorsqu'on regarde attentivement, dans un moment de fatigue, le visage d'un vieillard. Les sillons creusés par les chagrins, les espoirs et les illusions, se noircissent et se perdent, dirait-on, sans trace dans un fond d'obscurité que le « visage » cache difficilement, masque incertain d'un abîme douloureux. On dirait que le temps s'est accumulé dans chaque pli, que le devenir y a rouillé, que la durée a vieilli. Chaque pli est un cadavre laissé par le temps. Le démon du temps fait du visage humain une démonstration de vanité. Qui peut le regarder sereinement dans son crépuscule?

Tournez les yeux vers un vieillard lorsque vous n'avez pas l'*Ecclésiaste* à portée de la main, son visage – auquel il ne peut être complètement étranger – vous apprendra plus que les sages. Car il y a des rides qui révèlent l'action du temps plus impitoyablement qu'un traité des vanités. Où trouver les mots qui peindraient cette érosion implacable, cet avancement destructeur, quand le paysage ouvert et accessible de la vieillesse s'offre partout comme une leçon décisive et une sentence sans appel?

L'agitation fébrile des enfants dans les bras des grands-pères n'exprimerait-elle pas l'horreur instinctive du temps? Qui n'a pas senti dans le baiser d'un vieux son infinie vanité?

*

Tous les hommes me séparent des hommes.

*

Si je courais comme un fou à ma recherche, qui me dit que je ne me rencontrerais jamais? Sur quel terrain vague de l'univers serais-je égaré? J'irais me chercher là où l'on *entend* la lumière... car, si je me souviens bien, ai-je aimé autre chose que la sonorité des transparences?

*

Celui qui ne trouve pas qu'après chaque chagrin le monde est devenu plus pâle, que les rayons du soleil sont plus timides et que le devenir demande des excuses, en brisant son rythme – à celui-là manquent les fondements cosmiques de la solitude.

*

La rupture de l'être rend malade de soi-même, en sorte qu'aux seuls mots de « malheur », « oubli », « séparation » – l'on se dissout dans un frisson mortel. Alors, on risque l'impossible pour vivre : on *accepte* la vie.

*

Rester seul avec l'amour entier, avec le fardeau de l'infini de l'éros – voilà le sens spirituel du malheur en amour, si bien que les suicides ne prouvent pas la lâcheté de l'homme, mais les dimensions inhumaines de l'amour. Si les amants n'avaient pas atténué les tourments amoureux par un mépris théorique pour la femme, ils se seraient tous suicidés. Mais, *sachant* ce qu'elle est, ils ont introduit, avec lucidité, un élément de médiocrité dans l'insupportable. Le malheur en amour dépasse en intensité les plus profondes émotions religieuses. Il est vrai qu'il n'a pas bâti d'églises, mais il a érigé des tombes – partout des tombes.

L'amour? Mais voyez comme chaque rayon de soleil se noie dans une larme, comme si l'astre brillant était né des pleurs de la Divinité!

*

Le malheur est l'état poétique par excellence.

*

Dans la mesure où les animaux sont capables de malheur en amour, ils participent de l'humanité. Pourquoi n'admettrions-nous pas que le regard humide d'un chien ou la tendresse résignée de l'âne n'expriment parfois des regrets sans paroles? Il y a quelque chose de sombre et de lointain dans l'éros des animaux qui le rend infiniment étranger.

La littérature témoigne que nous nous sentons plus près des plantes que des animaux. La poésie, en grande partie, n'est qu'un commentaire de la vie des plantes, et la musique une dépravation humaine des mélodies du végétal.

N'importe quelle fleur peut être l'image du malheur en amour : cela nous rapproche d'elles. Or, aucun animal ne peut symboliser l'éphémère, tandis que les fleurs en sont l'expression directe — l'irrémédiable *esthétique* de l'éphémère.

*

Au fond, que fait chaque homme? Il s'expie lui-même.

*

Je ne pourrais aimer qu'un sage malheureux en amour...

*

Ce qui rend les grandes villes si tristes, c'est que chaque homme *veut* être heureux et que les chances

39

baissent au fur et à mesure que grandit le désir. La recherche du bonheur indique la distance du paradis, le degré de la déchéance humaine. Alors pourquoi s'étonner que Paris soit le point le plus éloigné du Paradis?

*

On aura beau avaler des bibliothèques entières, on ne trouvera guère plus de trois ou quatre auteurs qui méritent d'être lus et relus. Les exceptions de ce genre sont des analphabètes géniaux, que l'on doit admirer et, au besoin, apprendre, mais qui, au fond, ne nous disent rien. Je voudrais pouvoir intervenir dans l'histoire de l'esprit humain avec la brutalité d'un boucher muni du plus raffiné « diogénisme ». Car jusqu'à quand nous laisserons-nous piétiner par tant de créateurs qui n'ont rien *su,* enfants terribles et inspirés, dépourvus de la maturité du bonheur et du malheur? Un génie qui n'a pas atteint les racines de la vie, quelles que soient ses multiples possibilités d'expression, ne doit être goûté qu'aux instants d'indifférence. Il est plus horrible de penser que ceux qui ont vraiment *su* quelque chose soient si rares, que le nombre des existences *complètes* soit encore restreint. Mais qu'est-ce qu'une existence complète, et que signifie savoir? – Garder une soif de vie *dans les crépuscules...*

*

Certains êtres ne ressentent un penchant pour le crime que pour savourer une vie *intensifiée* – ainsi la négation pathologique de la vie lui rend du même coup hommage.

Aurait-il existé des criminels si le sang n'était pas chaud? L'impulsion destructrice cherche un remède au refroidissement intérieur, et je doute que sans la représentation implicite d'une chaleur torpide, nul n'eût jamais planté un poignard dans un corps. Du sang émanent des vapeurs assoupissantes, dans lesquelles l'assassin espère calmer ses frissons de glace. Une solitude que ne tempère aucun attendrissement engendre le crime, de sorte que toute morale qui voudrait détruire le mal à la racine doit considérer un seul problème : quel sens donner à la solitude, si propice à la ruine et à la décomposition?

*

Quelqu'un trouvera-t-il un jour les mots pour dire le frémissement qui marie dans l'infinité du même instant la suprême volupté à la douleur suprême? Une musique, s'élevant de toutes les aubes et de tous les crépuscules de ce monde, pourrait-elle transmettre aux hommes les sensations d'une victime du bonheur et du malheur cosmiques? Un naufragé battu par toutes les vagues, projeté contre tous les rochers, aspiré par toutes les obscurités – et qui tiendrait le soleil dans ses bras! Épave errant avec la source de la vie sur le cœur, étreignant son éclat mortel, se noyant avec lui dans les vagues, car le fond de la mer attend depuis une éternité sa lumière et son fossoyeur.

*

Le contact entre les hommes – la société en général – ne serait pas possible sans l'utilisation réitérée des mêmes adjectifs. Que la loi les interdise, et vous verrez dans quelle infime mesure l'homme est un animal politique. La conversation, les visites, les rencontres disparaîtront aussitôt, et la société se dégradera en rapports mécaniques d'intérêts. La paresse à penser a engendré l'automatisme de l'adjectif. Le même qualificatif s'applique également à Dieu et à un balai : autrefois Dieu était infini; aujourd'hui, il est *épatant*. (Chaque pays exprime à sa manière son vide mental.) – Interdisez l'adjectif quotidien et la célèbre définition d'Aristote tombe.

*

Ce qui distingue les philosophes antiques des modernes – différence si frappante, et si défavorable aux derniers – vient de ce que ceux-ci ont philosophé à leur table de travail, au bureau, mais ceux-là dans des jardins, des marchés ou le long de je ne sais quel bord de mer. Et les antiques, plus paresseux, restaient longtemps allongés, car ils savaient que l'inspiration vient à l'horizontale : ils *attendaient* ainsi les pensées, que les modernes forcent et provoquent par la lecture, donnant l'impression de n'avoir jamais connu le plaisir de l'irresponsabilité méditative, mais d'avoir organisé leurs idées avec une application d'entrepreneurs. Des ingénieurs autour de Dieu.

Beaucoup d'esprits ont découvert l'Absolu parce qu'ils avaient près d'eux un canapé.

Chaque position de la vie offre une autre perspective : les philosophes conçoivent un autre monde parce que, d'ordinaire courbés, ils se sont lassés de regarder celui-ci.

*

Quel homme, s'apercevant dans un miroir dans une semi-obscurité, n'a cru rencontrer le suicidé qui est en lui?

*

Peut-on aimer un être imperméable à l'Absurde, et qui ne soupçonne pas la tragédie dont il découle, les élégances de venin, le raffinement de désolation, le nombre de réflexes vicieux et trompeurs du désert inté-rieur?

L'absurdité est l'insomnie d'une erreur, l'échec dra-matique d'un paradoxe. La fièvre de l'esprit ne se mesure qu'à l'abondance de ces funérailles logiques que sont les formules absurdes.

Les mortels, depuis toujours, les ont évitées avec crainte − sans doute avaient-ils compris quelque chose de leur noble décomposition; mais ils n'ont pas pu les préférer à la sûreté stérile, à la quiétude compromettante de la raison.

*

Chaque fois que je pense à la mort, il me semble que je vais mourir un peu moins, que je ne peux pas m'éteindre, ni disparaître, en sachant que je vais dis-paraître et m'éteindre... Et je disparais, m'éteins et meurs depuis toujours.

*

La vie est éthérée et funèbre comme le suicide d'un papillon.

*

L'immortalité est une concession d'éternité que la mort fait à la vie. Mais nous savons bien qu'elle ne la fait pas... Car tant de générosité lui coûterait *la vie*.

*

Pour chaque problème, il faut une autre température; seul le malheur s'accommode de n'importe laquelle.

*

Paraître joyeux à tout le monde, et que personne ne voie que même les flocons sont des pierres tombales : garder de la *verve* dans l'agonie...

*

La moralité subjective atteint son point culminant dans la *décision* de ne plus être triste.

*

Perméable aux démons, la tristesse est la ruine indirecte de la morale. Lorsque le mal s'oppose au bien, il participe aux valeurs éthiques comme force négative, mais lorsqu'il gagne son autonomie et gît en soi, sans s'affirmer dans la lutte, il réalise alors l'état démoniaque. La tristesse favorise l'autonomie du mal et le sabotage de l'éhique. Si le bien exprime les élans de pureté de la vie, la tristesse est son ombre incurable.

*

Les créations de l'esprit sont un indicateur de l'insupportable de la vie. Tout ainsi de l'héroïsme.

*

La mélancolie est l'état de rêve de l'égoïsme.

*

S'il n'y avait une volupté secrète dans le malheur, on conduirait les femmes accoucher à l'abattoir.

*

Prononcez devant une âme délicate le mot « séparation », et vous réveillez en elle le poète. Le même mot n'inspire rien à l'homme moyen. Ainsi de n'importe quel autre terme. Ce qui différencie les hommes se mesure à la résonance affective des mots. Il y en a qui, à entendre une expression banale, tombent malades de faiblesse extatique, d'autres restent froids devant une preuve de vanité. Pour ceux-là, point de mot dans le dictionnaire qui ne cache une souffrance, quand les derniers ne l'ont même pas dans leur vocabulaire. Trop rares sont ceux qui peuvent − n'importe quand − tourner leur esprit vers la tristesse.

*

Quel que soit le lien entre les maladies et notre constitution, il est impossible de ne pas les en dissocier, comme extérieures, étrangères ou non avenues. C'est pourquoi, parlant d'un homme qui n'est pas en bonne santé, on spécifie sa maladie comme une annexe fatale, un supplément d'irrémédiable à son identité initiale. Il reste, devant nous, avec sa maladie, qui garde une certaine indépendance objective. Mais comme il est difficile de dissocier la mélancolie d'un être! Maladie subjective par excellence, inséparable de celui qu'elle possède, elle adhère jusqu'à la coïncidence : incurable. N'y aurait-il aucun remède contre elle? Sans doute : mais alors, il faudrait se guérir de son propre moi. La nostalgie d'*autre chose,* dans les rêveries mélancoliques, n'est que le désir d'un *autre* moi, mais que nous cherchons dans les paysages, dans les lointains, dans la musique, en nous trompant involontairement sur un processus beaucoup plus profond. Nous revenons toujours mécontents et nous abandonnons à nous-mêmes, car il n'y a pas d'issue à une maladie qui porte notre nom et sans laquelle, si nous la perdions, nous n'existerions plus.

*

Je doute que Dieu ait fait Ève d'une de nos côtes car, dans ce cas, nous devrions nous accorder avec elle ailleurs qu'au lit... Mais, à dire vrai, n'y a-t-il pas, là aussi, tromperie? Ne sommes-nous pas les plus éloignés l'un de l'autre, côte à côte dans cette quasi-identité? D'où viendrait, autrement, ce penchant obscur et irrépressible des heures troubles à déverser des pleurs secrets sur le sein des femmes perdues dans de vieux hôtels?

Nous sommes accrochés à la femme, non tant par instinct, que par la terreur de l'ennui. Et il se pourrait qu'elle ne soit qu'une invention de cette terreur. Dieu a tiré Ève de la peur de solitude d'Adam, et, chaque fois que les frissons de l'isolement nous prennent, nous offrons au Créateur une « côte » pour aspirer dans la femme, née de nous, notre propre solitude.

La chasteté est un refus de la connaissance. Les ascètes auraient pu satisfaire plus facilement le désir du désert auprès de la femme, si la peur de la « tentation » ne les eût dépossédés de la profondeur mystérieuse de la sexualité. La panique au sein d'un monde d'objets réveille un désir mortel de la femme, elle-même *objet,* animé par les passions de notre ennui.

*

Un être sur la voie d'une spiritualisation complète n'est plus capable de mélancolie, car il ne peut plus s'abandonner au gré des caprices. Esprit signifie *résistance,* tandis que la mélancolie, plus que n'importe quoi, suppose la non-résistance à l'*âme,* au bouillonnement élémentaire des sens, à l'incontrôlable des affects. Tout ce qui en nous est non maîtrisé, trouble, irrationnel,

composé de rêve et de bestialité, de déficiences organiques et d'aspirations tourmentées – comme des explo-
sions musicales qui assombriraient la pureté des anges,
et nous font regarder les lys avec mépris – constitue la
zone primaire de l'âme. La mélancolie se trouve ici chez
elle, dans la poésie de ces faiblesses.

Lorsqu'on se croit éloigné du monde, le souffle de la
mélancolie prouve l'illusion de la présence de l'esprit.
Les forces vitales de l'âme attirent vers le bas, obligent
à plonger dans la profondeur originaire, à reconnaître
des *sources* dont le vide abstrait de l'esprit, avec sa
sérénité implacable, sépare.

La mélancolie est une distance par rapport au monde
imputable à la vie, non à l'esprit : la désertion de
l'immanence des tissus. Par l'appel constant à l'esprit,
les hommes lui ont ajouté une nuance réflexive qu'on
ne rencontre pas chez les femmes, qui, ne résistant jamais
à leur âme, se laissent *immédiatement* emporter dans la
mélancolie.

*

Le besoin d'un temps *pur,* nettoyé du devenir et qui
ne soit pas éternité... Un amincissement éthéré du « passage », une croissance *en soi* de la temporalité, un temps
sans « cours »... Extase délicate de la mobilité, plénitude
temporelle en dehors des instants... Plonger dans un
temps dépourvu de dimensions et d'une qualité si
aérienne que notre cœur puisse le retourner en arrière,
car il n'est pas taché d'irréversible, ni touché par l'irrévocable...

... Je commence à soupçonner sous quelle modalité
il s'est insinué au Paradis.

*

Qui n'a pas d'organe pour l'éternité la conçoit comme
une autre forme de la temporalité, de sorte qu'il compose

l'image d'un temps qui coule en dehors *de soi* ou d'un temps *vertical*. L'icône temporelle de l'éternité serait alors un cours ascendant, une accumulation verticale d'instants qui font barrage au glissement dynamique, au déplacement horizontal vers la mort.

La suspension du temps introduit une dimension verticale, mais seulement tant que dure l'*acte* de cette suspension. Une fois l'acte consumé, l'éternité nie le temps, comme un ordre irréductible. Le changement de la direction naturelle, la déviation violente de la temporalité vers l'accès à l'éternité, montrent comment toute défaite de la vie implique aussi une violation du temps. La dimension verticale de la suspension est une perversion du sens temporel, car l'éternité ne serait pas accessible si celui-ci n'était vicié.

*

La maladie représente le triomphe du *principe personnel,* la défaite de la substance anonyme qui est en nous : en cela, elle est le phénomène le plus caractéristique de l'individuation. La santé – même sous sa forme transfigurée, la *naïveté* – participe de l'anonymat, du paradis biologique de l'indivision, tandis que la maladie est la source directe de la séparation. Elle change la condition d'un être, par *surplus* elle détermine une unicité, un saut au-dessus du normal. La différence d'un homme malade à un homme sain est plus grande que de celui-ci à n'importe quel animal. Car être malade signifie être autre chose que ce qu'on *est,* se soumettre aux déterminations du possible, identifier le moment avec l'imprévisible. Normalement, nous disposons de notre sort, nous prévoyons à chaque instant, et vivons dans une sûreté pleine d'indifférence. Nous sommes libres de croire que dans tel jour, à telle heure, nous serons sérieux ou gais, et rien ne nous empêche de nous fonder sur l'*intérêt* que nous accorderons à une chose quelconque. – Au contraire, dans la conscience issue de la maladie, aucune trace de liberté : nous ne pouvons rien prévoir, esclaves tourmentés des dispositions et des caprices organiques. La fatalité respire par tous les pores, la haine surgit des membres, et tous composent l'apothéose de cette nécessité qu'est la maladie. On ne sait jamais ce qu'on fera, ce qui arrivera, quel désastre guette dans les ombres intérieures, ni même dans quelle mesure on va aimer ou haïr, en proie au climat hystérique des incertitudes. La maladie qui nous sépare de la nature nous lie à elle plus que la tombe. Les nuances du ciel nous obligent à des modifications semblables de l'âme, des degrés d'humidité à des dispositions correspondantes, les saisons à une périodicité maudite. Ainsi, nous traduisons *moralement* toute la nature. A une distance infinie d'elle, nous reflétons toutes ses fantaisies, le chaos évident ou caché, les courbes de la matière dans les oscillations d'un cœur incertain. Se savoir privé de tout lien avec le monde et enregistrer toutes ses variations, voilà le paradoxe de la maladie, l'étrange nécessité qui s'impose à nous, la faculté de penser au-delà de notre être, et la condition de mendiants de notre propre corps. Car, en effet, ne tendons-nous pas la main vers nous-mêmes, ne sollicitons-nous pas un appui, vagabonds aux portes de notre moi, dans l'abandon d'une vie sans remède ? Avoir besoin de faire quelque chose pour soi-même, et ne pas pouvoir s'élever au-dessus d'une pédagogie de l'incurable !

Si nous étions *libres* dans la maladie, les médecins deviendraient des clochards, car les mortels sont attirés par la souffrance, mais non par son mélange torturant de subjectivité exaspérée et de nécessité invincible.

La maladie est la modalité sous laquelle la mort aime la vie, et l'individu le théâtre de cette faiblesse. Dans chaque douleur, l'absolu de la mort goûte au devenir, notre souffrance n'étant que la tentation, la dégradation volontaire de l'Obscurité. Ainsi, la souffrance n'est qu'un amoindrissement de l'absolu de la mort.

CHAPITRE III

« Mon cœur est comme de la cire, il fond en mes entrailles » (Psaume XXII). Mon Dieu, fais ce que tu peux jusqu'à ce que je te flanque mes os à la tête.

*

La musique est du *temps* sonore.

*

La vie et moi : deux lignes parallèles qui se rencontrent dans la mort.

*

Chaque homme est son propre mendiant.

*

Les vertiges dont souffrent certains, et qui obligent à s'appuyer contre les arbres ou les murs en pleine rue, ont un sens plus profond que les philosophes et même les poètes ne sont portés à le croire. Ne plus pouvoir rester à la verticale — renoncer à la position naturelle de l'homme — ne vient pas d'un trouble nerveux, ni de la composition du sang, mais de l'épuisement du phénomène humain, avec l'abandon de toutes ses caractéristiques. As-tu usé *l'humain* en toi? Tu quittes alors fatalement la forme sous laquelle il s'est défini. Tu *tombes* : sans pourtant retourner à l'animalité, car il est plus que probable que les vertiges nous jettent à terre, pour nous donner d'autres possibilités d'élévation. Le retour à la position antérieure à l'humaine verticalité nous ouvre d'autres sentiers, nous prépare une autre croissance et, en changeant l'inclinaison de notre corps, nous ouvre une autre perspective sur le monde.

Les étranges sensations de vertige qui nous surprennent n'importe où, et surtout lorsque la distance de l'homme à lui-même se rapproche de l'infini, n'indiquent pas seulement la présence agressive de l'esprit, mais aussi une terrible offensive de tout ce que nous avons ajouté aux constantes de la condition humaine. Car le vertige est le symptôme spécifique du dépassement de la nature et de l'impossibilité de participer de la condition physique qui lui correspond. Sitôt rompus les liens intérieurs avec l'homme, leurs signes extérieurs suivent le processus de dissolution. Lorsque l'animal s'est mis à se dresser sur deux pattes, il a dû sentir des troubles analogues. N'est-ce pas là l'introspection régressive qui nous fait descendre jusqu'à ces angoisses lointaines, jusqu'à ces souvenirs indéfinis qui nous rapprochent des vertiges du commencement humain?

Tout ce qui n'est pas inerte doit, à différents degrés, *s'appuyer*. Et d'autant plus l'homme, qui n'accomplit son destin qu'en inventant des certitudes et ne maintient sa position que par le tonique des illusions. Mais celui qui se met face à lui-même, qui glisse dans la transparence de sa propre condition, qui n'est homme que dans les indulgences de la mémoire, peut-il encore faire appel à l'appui traditionnel, à la fierté de l'animal vertical, peut-il encore s'appuyer sur soi, quand depuis longtemps il n'est plus lui-même?

Les objets l'empêchent de tomber, en attendant que mûrissent les fruits d'une autre vie dans la sève de tant de vertiges.

L'homme pourrit en toi dans l'abus pervers de la

connaissance, et rien n'exprime plus directement ce suprême déchirement que l'incertitude de ses pas dans le monde. Le vertige qui fait suite à la fin de l'homme est le frisson de la limite, prémonitoire et douloureux au début, puis prometteur et fortifiant. Un espoir d'une diabolique vitalité nous conduit à des chutes réitérées, en vue d'une purification insoupçonnée. Quelque chose d'autre va commencer, après que l'homme aura mûri en nous puis se sera évanoui, quelque chose d'étranger au pressentiment de ceux qui sont restés en arrière, à mi-chemin de l'humanité. Que Dieu se décompose dans tes veines, qu'on l'enterre avec tes restes recueillis des souvenirs, qu'on engraisse de cadavres humains et divins les verdures de l'espoir, et que des lumières de pourriture réconfortent la timidité des aubes!

Mais pour te purifier de ton héritage humain, apprends à te fatiguer, à dissoudre, à corrompre la mort qui se cache dans tes replis. Regarde un homme solitaire qui *attend* quelque chose, et demande-toi *quoi* : et tu verras que personne n'attend rien, rien d'autre que la mort. As-tu été jadis pris de frissons en voyant que tous se trompent, que tous sans le savoir tendent les mains vers la mort, espérant voir venir quelqu'un, et que leur attente ne fut pas vaine? Pourquoi nous semble-t-il que le solitaire, les yeux fatigués par l'attention, ou n'importe quelle autre créature, n'ont rien à attendre, qu'il n'y a pas de quoi attendre, mis à part l'attraction chaude et froide de la mort, qui erre dans les déserts, les cafés, les vieux lits, ou aux coins des rues? N'y aurait-il de *rencontres* qu'avec elle? Qui, qui pourrait attendre un mortel sans mourir? On marche à sa rencontre pour vivre, mais peut-on « vivre » auprès d'un mortel? Il est terrible de ne pas remarquer que, pour échapper à la mort, on court après ceux qui meurent!

*

Ce n'est pas *moi* qui souffre dans le *monde,* mais le monde qui souffre en moi. L'individu n'existe que dans la mesure où il concentre les douleurs muettes des choses, de la loque jusqu'à la cathédrale. Et de même, l'individu n'est *vie* qu'à l'instant où, du ver jusqu'à Dieu, les êtres se réjouissent et gémissent en lui.

*

Aucun peintre n'a réussi à rendre la solitude résignée du regard des bêtes, car aucun ne semble avoir compris ce qui est incompatible dans les yeux des animaux : une immense tristesse et un égal manque de poésie.

Le regard humain a simplement ajouté le regret poétique, dont l'absence indique, chez les précédents, la proximité des origines.

*

L'amertume est une musique altérée par la vulgarité. Il n'y a de noblesse que dans la mélancolie... C'est pourquoi il n'est pas sans importance de savoir dans quelle nuance de la haine du monde tu as pensé à Dieu...

*

Un penseur qui *entendrait* comment pourrit une idée...

*

« Tuer le temps », c'est ainsi qu'on exprime banalement et profondément l'inopportunité de l'ennui. L'indépendance de la temporalité par rapport à l'immédiateté du vital nous rend sensibles au non-essentiel, au vide du devenir, qui perd sa substance : une durée sans contenu vital. Vivre dans l'immédiat associe la vie et le temps dans une unité fluide, à laquelle nous nous abandonnons avec le pathétique élémentaire de la naïveté. Mais lorsque l'attention, fruit d'une inégalité intérieure, s'applique à l'écoulement du temps et devient étrangère à ce qui palpite dans le devenir, nous nous retrouvons dans un vide temporel, qui ne peut rien offrir que la suggestion d'un déroulement sans objet. L'ennui : être prisonnier du temps inexpressif, émancipé de la vie, qu'il évacue même, pour créer une malencontreuse autonomie. Que reste-t-il alors? Le vide de l'homme et celui du temps : l'accouplement de deux néants engendre l'ennui – le deuil du temps dans la conscience séparée de la vie. On voudrait vivre, mais on ne peut « vivre » que dans le temps; on souhaiterait plonger dans l'immédiat et l'on ne peut que se dessécher dans l'air épuré d'un devenir abstrait. Que faire contre l'ennui? Quel est l'ennemi à abattre, ou du moins à oublier? Certainement le temps – et lui seulement. Nous serions nous-mêmes, si l'on tirait les dernières conséquences. Mais l'ennui se définit même en contournant celles-ci : il cherche dans l'immédiat ce qu'on ne peut trouver que dans le transcendant.

« Tuer le temps » signifie seulement : ne pas « avoir » de temps – car l'ennui le fait croître, le multiplie à l'infini devant la pauvreté de l'immédiat. On « tue » le temps pour le forcer à entrer dans le moule de l'existence, pour ne plus s'approprier les prérogatives de l'*existant.*

Toute solution contre l'ennui est une concession de la vie, dont les fondements chancellent dans l'hypertrophie temporelle. L'existence n'est supportable que dans l'équilibre entre vie et temps. Les situations limites dérivent de l'exaspération de cette dualité. Voici l'homme devant la tyrannie du temps, victime de son empire – que pourrait-il tuer, lorsque la vie n'est plus présente que dans l'esclavage du regret?

*

Je voudrais parfois être si seul, que les morts, agacés de la promiscuité et du bruit des cimetières, les quitteraient — et, enviant ma tranquillité, me demanderaient humblement l'hospitalité du cœur. Et quand ils descendront par des escaliers secrets vers des profondeurs d'immobilité, les déserts du silence leur arracheront un soupir qui réveillerait les pharaons dans la perfection de leur abri. Ainsi les momies viendraient, désertant l'obscurité des pyramides pour continuer leur sommeil dans des tombes plus sûres et plus immobiles.

*

La vie : prétexte suprême pour qui est plus près de l'éloignement de Dieu que de sa proximité.

*

Si les femmes étaient malheureuses en *elles-mêmes* et non à cause de nous, de quels sacrifices ne serions-nous pas capables, de combien d'humiliations et de faiblesses! Depuis quelque temps, on ne peut plus inventer de volupté ni de délices que dans les arômes insinuants du malheur. Comme seul le hasard les rend tristes, nous guettons l'occasion d'un exercice du goût, avides d'ombres féminines, vagabonds nocturnes de l'amour et parasites pensifs de l'Éros. La femme est le Paradis en tant que nuit. C'est ainsi qu'elle apparaît dans notre soif d'obscurité soyeuse, douloureuse. La passion des crépuscules la situe au centre de nos agitations — créature anonyme transfigurée par notre goût des ombres.

*

Dans les grandes douleurs — dans les douleurs monstrueuses — *mourir* ne signifie rien : le grand problème, alors, est de *vivre*; chercher le secret de cette impossibilité torturante, déchiffrer le mécanisme de la respiration et de l'espoir. C'est ainsi qu'on explique pourquoi les réformateurs – travaillés jusqu'à l'obsession par l'idée de donner d'autres matrices à la vie – ont souffert au-delà des limites du tourment! La mort leur semblait une évidence écrasante de banalité. Et n'apparaît-elle pas, du centre de la maladie, comme une fatalité si proche qu'il est presque comique de la transformer en problème? Il suffit de souffrir, de souffrir longtemps pour réaliser que dans ce monde tout est évidence – sauf la vie. Libéré de ses rets, l'on fait tout son possible pour la situer dans un autre ordre, lui donner un autre cours ou, finalement, pour la réinventer. Les réformateurs ont choisi les premières voies; la dernière est la solution extrémale d'une solitude extrême.

La peur de la mort est le fruit maladif des aubes de la souffrance. Au fur et à mesure que les douleurs mûrissent et s'aggravent, et nous éloignent de la vie, la peur se fixe fatalement au centre de la perspective, de sorte que rien ne nous sépare plus de la mort que son voisinage. Voilà pourquoi, pour l'homme que l'infini a séparé de l'immédiat, les espoirs ne peuvent renaître qu'au bord du précipice.

*

Si Dieu posait son front sur mon épaule – cela nous conviendrait à tous deux, ainsi, seuls et inconsolés...

*

Une autobiographie doit s'adresser à Dieu et non aux hommes. La nature elle-même donne un certificat de décès lorsqu'on se raconte aux mortels.

*

Le malheur de ne pas être assez malheureux...

*

Ne pouvoir vivre qu'*au-dessus* ou *en dessous* de l'esprit, dans l'extase ou l'imbécillité! Et comme le printemps de l'extase se meurt dans la foudre d'un instant – le crépuscule obscur de l'imbécillité ne finit plus jamais. Les longs frissons d'un fou ivre, les débris et les ordures arrêtant la circulation du sang, des bêtes scabreuses souillant les pensées, des diables transportant des idées dans un cerveau déserté... Quel ennemi a vaincu l'esprit? Et de quelle substance d'obscurité se nourrit tant de nuit?

La terreur qui s'étend au pied de l'imbécillité lève les brumes d'un assoupissement muet, et la vie se tait, résignée dans le cérémonial funèbre de l'enterrement de l'esprit. Un rêve noir et monotone dont les demeures éternelles ne sauraient contenir l'immensité crépusculaire.

*

L'idiotie est une terreur qui ne peut réfléchir sur elle-même, un néant *matériel*. Lorsque la réflexion qui vous sépare de vous-même perd de sa force et que s'annule la distance à votre propre terreur, une introspection attentive vous oblige à un regard fraternel vers les idiots. Quelle grande maladie que la terreur!

*

Chaque jour, nous sommes plus seuls. Comme doit être difficile et léger le dernier jour!

Lorsqu'on a accumulé avec peine et assiduité tant

d'isolement, des sentiments de propriétaire vous empêchent de mourir avec le cœur net. Tant de richesse sans héritiers! *Anéantissement* est le mot pour les dernières raisons d'être du cœur...

Jeté près de ton propre vide, spectateur d'une poésie dépouillée, sans pouvoir te réveiller de cette tristesse froide — le vide intérieur te fait découvrir l'indétermination infinie comme forme d'expiation.

*

En pleine lumière pense à la nuit, afin que l'esprit s'enfuie vers elle au cœur de l'après-midi... Le soleil ne vainc pas l'obscurité, mais il agrandit jusqu'à la souffrance l'aspiration nocturne de l'âme. Si l'azur nous servait de lit et le soleil d'oreiller, une volupteuse défaillance appellerait la nuit pour assouvir son besoin d'immense fatigue. Tout ce qui en nous est dimension nocturne prépare le revers sombre de l'infini. Ainsi, la faiblesse des jours et des nuits nous conduit vers un infini négatif.

*

La solitude est une œuvre de conversion à soi-même. Mais il arrive qu'en s'adressant uniquement à soi, tout ce qu'on a de meilleur devienne indépendant de l'identité ordinaire. Et ainsi l'on s'adresse à quelqu'un — à *quelqu'un d'autre*. D'où le sentiment de ne pas être seul chaque fois que l'on est plus seul que jamais.

*

Si le soleil refusait au monde la lumière, son dernier jour d'éclat ressemblerait au rictus d'un idiot.

*

Lorsqu'on meurt au monde, on ne s'ennuie que de soi-même, et l'on consume ce qui reste à vivre dans une nostalgie incomplète. Dieu est tout proche en comparaison d'un tel exil du moi, qui nous condamne à nous rechercher dans d'autres mondes, à ne jamais être proches de nous-mêmes, et comme inaccessibles.

*

Les individus sont des *organes* de la douleur. Sans eux, les dispositions de la nature à la souffrance auraient transformé le monde en chaos. L'individuation, en se déterminant comme forme originaire de l'expiation, a sauvé l'équilibre et les lois de la nature. Lorsque la douleur ne put continuer de rester en elle-même, les êtres sont apparus pour la délivrer des tourments de la virtualité. Tout *acte* est une perfection de souffrance.

*

Entre une femme et une femme de ménage : la distinction du malheur. La grâce funèbre est source d'enchantements indéfinissables.

*

L'attente – comme rythme ascendant – définit la dynamique de la vie. Les sages – par l'exercice de la lucidité – la suspendent, sans pourtant lui ôter les surprises de l'avenir. Seule l'idiotie – perfection de la « non-attente » – se situe en dehors du temps et de la vie. Un détachement complet des choses ne permet pas plus que les *émotions* d'un idiot.

*

Après les moments d'intensité, l'on ne redevient pas une personne, mais un *objet*. Se rapprocher de l'Absolu a des conséquences plus graves que toute autre intoxication. L'état consécutif à l'ivresse est paisible et agréable en comparaison du raidissement qui suit les faiblesses accomplies pour Dieu. L'ultime accès ne fait sentir que la terreur de ne rien comprendre, et l'on ne rentre dans la matière qu'après l'extase. Qui aurait le courage de définir ces instants où les saints regardent en haut vers les idiots?

*

Les préoccupations théologiques ont empêché, pour l'homme, la connaissance de soi. En projetant en Dieu tout ce qui *n'est* pas lui, il montre très bien à quelle sinistre décomposition il serait arrivé, s'il avait appliqué dès le début son intérêt et sa curiosité à lui-même. Par opposition aux attributs divins, l'homme se réduit aux dimensions d'un ver. Et, en effet, où nous ont menés la psychologie et la connaissance de soi? Transformons-nous en vers – des vers qui n'ont plus besoin de chercher des cadavres...

La bêtise est une souffrance *indolore* de l'intelligence. Appartenant à la nature, elle n'a pas d'histoire. Les imbéciles n'entrent même pas dans la pathologie, car ils ont pour eux l'éternité.

On pourrait faire la plus véridique icône du monde avec les « étincelles » d'un idiot – s'il pouvait vaincre la sensation de putréfaction du sang et s'il pouvait, parfois, avoir conscience du flux infinitésimal de son intelligence.

*

La voix du sang est une élégie ininterrompue.

*

Vivre *sous le signe de la musique,* cela signifierait-il autre chose que mourir avec grâce? La musique ou l'incurable comme volupté...

*

Qui n'a aidé personne dans le non-être n'a jamais connu les chaînes de l'être, ni l'émotion rare et douloureuse d'être remercié pour avoir soutenu quelqu'un dans la mort, pour avoir confirmé en lui la fin et la pensée de la fin, et lui avoir épargné la trivialité des encouragements et des espoirs.

On ne peut imaginer combien sont nombreux ceux qui attendent qu'on les délivre du bonheur...

*

Deux types de philosophes : ceux qui réfléchissent sur des idées, et ceux qui réfléchissent sur eux-mêmes. La différence du syllogisme au malheur...

Pour le philosophe objectif, seules les idées ont une biographie; pour le philosophe subjectif, seule l'autobiographie a des idées; l'on est prédestiné à vivre auprès des catégories, ou de soi. En dernière instance, la philosophie est la méditation poétique du malheur.

*

Quelles que soient nos prétentions, nous ne pouvons, au fond, rien demander de plus à la vie que la permission d'être seul. Nous lui offrons ainsi l'occasion de se montrer généreuse, et même prodigue...

*

Le but de la musique est de nous consoler d'avoir rompu avec la nature, et notre degré de faiblesse à son égard indique notre distance à *l'originaire*. Dans la création musicale, l'esprit se guérit de son autonomie.

*

Les finesses de l'anémie nous rendent perméables à un autre monde, et dans ses tristesses nous tombons perpendiculairement au ciel.

*

Tout ce qui n'est pas santé – de l'idiotie à la génialité – est un état de terreur.

*

La sensibilité au temps est une forme diffuse de la peur.

*

Lorsqu'on ne peut penser à rien, on comprend trop bien le *présent absolu* des idiots, comme ces sensations de vide qui rapprochent parfois la mystique de l'imbécillité, avec cette différence que dans le vide infini des mystiques se meut une tendance secrète à l'élévation, un élan vertical qui palpite, solitaire – tandis que le vide *horizontal* des idiots est une étendue neutre où glisse sourdement la terreur. Rien ne fait ondoyer le désert monotone de l'imbécillité, aucune couleur n'anime l'instant éternel de ses horizons morts.

*

La possibilité de paraître gai parmi les hommes, alors que vous gênerait même le regard d'un oiseau, est un des secrets les plus bizarres de la tristesse. Tout est glacé, et vous gaspillez vos sourires; aucun souvenir ne vous porte plus vers celui que vous avez été, et vous vous inventez un passé avec espièglerie; le sang refuse les souffles de l'amour, et les passions jettent des flammes glacées sur vos yeux éteints.

Une tristesse qui ne sait pas rire, une tristesse sans masque, est une perdition qui laisse la peste derrière elle et nul doute que, sans le rire, le rire des hommes tristes, la société eût depuis longtemps pénalisé la tristesse. Même les grimaces de l'agonie ne sont que des tentatives avortées de rire, mais qui en trahissent la nature équivoque. On explique ainsi pourquoi de tels excès nous laissent un vide plus amer qu'une ivresse ou qu'une nuit d'amour. Le seuil du suicide – un frisson qui suit un rire impétueux, sans mesure et sans pitié. Rien ne dégrade plus la vitalité que la gaieté, lorsqu'on n'en a pas la vocation ni l'habitude. Face à la fatigue délicate de la tristesse, la gaieté est un athlétisme épuisant.

*

Même la tristesse est un métier. Car l'on ne prend pas si facilement l'habitude d'être seul, et chaque jour il faut s'efforcer dans la déréliction, soumettant les vagues d'amertume à un travail intérieur. Le besoin de style dans le malheur et d'ordre dans les tristesses semble avoir fait défaut aux poètes. Car que signifie être poète? Ne pas avoir de distance à l'égard de ses tristesses, être identique à son propre malheur.

Le souci d'éducation personnelle trahit, jusque dans ces choses-là, un résidu de philosophie dans une âme touchée par la poésie. La superstition théorique organise tout, même la tristesse. La mort d'un philosophe ressemble à l'écroulement d'une géométrie, tandis que le poète, portant sa tombe de son vivant, est mort avant de mourir. Le noyau de la poésie est une fin anticipée, et la lyre n'a de voix qu'auprès d'un cœur atteint. Rien ne fait glisser plus vite dans la tombe que le rythme et la rime, car les vers n'ont su qu'ériger des pierres tombales aux assoiffés de la nuit.

*

Le spectacle d'une femme gaie passe en vulgarité la vulgarité même. – Bizarre, comme tout ce qui devait nous rendre moins étrangers au monde, ne fait que creuser un peu plus le fossé entre nous et lui.

Le monde, ne serait-il pas étranger *en soi?*

*

On est toujours seul à l'égard de soi-même, non de quelqu'un.

*

Le philosophe pense à la *Divinité,* le croyant à *Dieu.* L'un à l'essence, l'autre à la personne. La divinité est l'hypostase abstraite et impersonnelle de Dieu. La croyance étant un *immédiat transcendant,* elle tire sa vitalité de la ruine de l'essence. La philosophie n'est qu'une allusion existentielle, tout comme la divinité un aspect *indirect* de Dieu.

*

Ne parle pas de la solitude si tu ne sens pas comment Dieu chancelle... ni du blasphème si tu ne L'entends pas finissant en toi.

*

La vie est ce que j'aurais pu être si je n'étais pas réduit en esclavage par la tentation du néant.

*

Les échos équivoques de l'instant meurent dans l'âme lorsque la vie — surprise de l'indifférence initiale — transperce le silence du néant.

*

Dieu est la dernière tentative pour assouvir notre désir de sommeil... Il devient ainsi un nid chaque fois que notre fatigue prend des ailes.

*

Le détachement du monde par la musique anémie les objets en fantômes; rien ne passe plus à proximité, et les yeux ne sont plus au service des êtres. Que voir lorsque tout se passe au loin? La tristesse — déficience optique de la perception...

Chaque instant est un trou, insuffisamment profond, de sorte qu'il nous faut sauter par-dessus — jusqu'à nous casser le cou.

*

On n'est pas jaloux de Dieu, mais de sa solitude. Car face au désespoir embaumé qu'il représente, l'homme n'est qu'une momie folâtre.

*

La timidité est l'arme que la nature nous offre pour défendre notre solitude.

*

Lorsqu'on se croit plus fort que jamais, on se retrouve tout à coup aux pieds de Dieu. Aucune immortalité ne peut plus guérir d'une telle chute. Mais que faire si les blessures de la vie sont des yeux levés vers le Créateur et des bouches ouvertes vers des nourritures d'absolu?

Les veillées apeurées nous sauvent − par-delà notre volonté − de la superstition de l'être et, en fatiguant notre élan, nous nourrissent des brises du désert divin. L'affaiblissement de la volonté enfonce Dieu comme une potence − au milieu de nos incertitudes... L'absolu est une étape crépusculaire de la volonté, un état de faim épuisant.

*

L'amour de la beauté est inséparable du sentiment de la mort. Car tout ce qui ravit les sens en frissons d'admiration nous élève à une *plénitude de fin,* qui n'est que le désir ardent de survivre à l'émotion. La beauté suggère l'icône d'une *éternelle vanité.* Venise ou les couchers de soleil parisiens invitent à une langueur parfumée, où l'éternité semble fondre dans le temps.

*

L'éros est une agonie inaccomplie, et c'est pourquoi l'on ne peut aimer une femme qui ne murmure pas les voix de la mort, et qui n'aide pas à ne plus être...

En s'interposant entre nous et les choses, il nous a éloignés de notre nature, portant ainsi la responsabilité de notre retard dans la connaissance. Que ne doit pas à l'amour l'esprit du malheur! Il se pourrait bien qu'il ne fût que son œuvre.

D'ailleurs, remarquez que les femmes ne sont entrées

dans l'Histoire que dans la mesure où elles ont pu rendre les hommes encore plus seuls.

*

Le voile de poésie qui, tant bien que mal, enveloppe cette terre, émane de l'automne éternel du Créateur et d'un ciel trop précoce pour secouer ses étoiles. La saison à laquelle il s'est arrêté montre très bien qu'il n'est pas une aurore, mais un crépuscule, et que nous ne l'approchons que par l'ombre. Dieu — l'automne absolu, une fin *initiale*.

*

Le printemps — comme tout commencement — est une déficience d'éternité. Et les hommes qui meurent au printemps sont les seuls ponts jetés vers l'absolu. Quand tout fleurit, les mortels deviennent voluptueux et solitaires, pour sauver le plaisir métaphysique du printemps.

Au commencement était le Crépuscule.

*

Dans un monde sans mélancolie, les rossignols devraient cracher, et les lys — ouvrir un bordel.

*

La joie autant que la gaieté *vivifient,* mais l'une l'esprit, l'autre les sens. — Quelqu'un a-t-il parlé de la *gaieté* en mystique? Vit-on jamais un saint gai? Alors que la joie accompagne l'extase, dans un apaisement qui avoisine le ciel.

On ne peut être gai que parmi les hommes : mais on ne connaît la joie que seul. On est gai en compagnie de quelqu'un; lorsqu'on n'a personne, on est plus près des cimes de la joie.

*

Pas de maladie dont on ne puisse guérir par une larme qui commencerait à chanter...

*

Le tourbillon mortel qui unit la vie et la mort au-delà du temps et de l'éternité... On ne peut découvrir ce *quelque part* secret, sis en dehors du temps et de l'éternité, mais l'âme s'élève dans des flammes ultimes vers une clairière incendiée. L'on meurt et vit dans des *fiançailles mystiques* avec la solitude... Quel démon d'être et de non-être te tire de tout vers un tout, où vie et mort érigent les voûtes d'un soupir? Gravis désormais par l'extase les spirales d'un monde qui laisse derrière lui le Rien et d'autres cieux, dans l'espace qui abrite la solitude, un espace si pur que le néant même fait tache. Où, où? – Mais ne sens-tu pas une brise, comme le rêve d'innocence de l'écume? Ne respires-tu pas le paradis forgé par l'utopie d'une rose?

C'est ainsi que doit être le *souvenir* du néant dans une fleur fanée en Dieu.

*

Mon Dieu, je suis né *fini* en toi, en toi le Trop-Fini. – Et parfois je t'ai sacrifié tant de vie, que je fus comme un jet d'eau dans ton immense malheur. Suis-je en toi cadavre ou volcan? Mais toi-même, le sais-tu, l'Abandonné? Ce frisson de démiurge lorsque tu appelles au secours pour que la vie ne meure pas de son infini... Je cherche l'astre le plus éloigné de la terre pour m'y faire un berceau et un cercueil, pour renaître de moi et mourir en moi.

CHAPITRE IV

Lorsque l'aspiration vers le néant atteint l'intensité de l'éros, le temps ni l'éternité ne nous disent plus rien. *Maintenant* ou *à jamais* sont des éléments avec lesquels on opère dans le monde, des points de repère, des conventions de mortel. L'éternité nous semble un bien que nous cherchons à conquérir, le temps un défaut dont nous nous excusons en toutes circonstances. Qu'est tout cela pour qui le considère depuis l'absence radicale, ouvrant les yeux dans la perfection? Apercevra-t-il dans l'enchantement pur du rien, dans ce spectacle maladivement vide, une tache qui atteindrait le vierge infini?

Le temps et l'éternité sont les formes de notre adhérence ou de notre non-adhérence au monde, mais non celles du renoncement total, qui serait une musique sans sons, une aspiration sans désir, une vie sans respiration et une mort sans extinction.

*

A la limite extrême de l'amoindrissement de l'être, « maintenant », « ici », « là-bas », « jamais » et « toujours » perdent leur sens, car où trouver un *endroit* ou un *instant,* lorsqu'on ne garde du monde pas même son *souvenir?*

Ce « nulle part » voluptueux, mais d'une volupté sans contenu, est une extase *formelle* de l'irréalité. La transparence devient notre être, et une rose *pensée* par un ange ne serait pas plus légère ni plus vaporeuse que l'envolée vers la perfection extatique du non-être.

L'éternité est occasion de fierté pour les mortels, une

71

forme prétentieuse sous laquelle ils contentent un goût passager de « non-vie ». Éternellement mécontents d'elle, ils redeviennent solidaires de leurs propres fantômes et se reprennent à aimer ce *temps éternel* qu'est la vie. Comment celui-ci se distingue-t-il de l'éternité? A ce qu'on vit en lui, car l'on ne peut respirer que dans l'ivresse du devenir infini, alors que l'éternité est la *lucidité* du devenir.

Lorsque au sein de l'écoulement des choses, nous relevons la tête, mécontents, et nous révoltons contre l'ivresse de l'être, la tentative d'évasion nous pousse vers la négation du temps. Cependant, l'éternité nous oblige à une perpétuelle *comparaison* avec la temporalité, ce qui n'arrive plus dans la suspension radicale que donne l'expérience du néant, qui « est » neutralité tant par rapport au temps qu'à l'éternité, neutralité à « n'importe quoi ».

L'éternité pourrait être la marche finale du temps, comme le néant la sublimation dernière de l'éternité.

Quelle bizarrerie, lorsqu'on a compris que les êtres sont des ombres et que tout est vain, de s'éloigner du monde pour trouver le sens, le seul sens, dans la contemplation du Rien, quand on pouvait fort bien rester parmi les ombres et le rien de chaque jour. D'où vient ce besoin de superposer au néant effectif un Néant suprême?

*

L'éventualité du paradis me fait boire toutes les amertumes de ce monde... Et même sans l'hypothèse d'une telle perfection, ne serait-il pas affreux de mourir à mi-chemin, de laisser tant de tristesses inaccomplies, et de finir en dilettante du malheur? — Si une seule tristesse te survit, c'est en vain que tu as mendié la délivrance de l'inexorable nuit.

*

Parler de l'éternité ou s'en vanter suppose une vitalité de l'organe du temps, un hommage secret au temps, *présent* par la négation. *Savoir* être dans l'éternité signifie mesurer clairement sa distance à son égard, ne pas être *totalement* dedans. De la perspective d'une totalité vivante, d'une existence présente, la *conscience* indique toujours une absence.

Ce n'est qu'en vivant sans intermédiaire, naïvement, dans l'éternité, qu'on vainc l'énergie de l'organe du temps. La sainteté – un immédiat d'éternité – ne s'enorgueillit pas du chemin accompli hors de l'écoulement direct des choses, parce qu'elle *est* éternité. Tout au plus peut-elle se confesser au temps, pour alléger l'excès de sa propre substance : les confessions des saints ont leur source dans le fardeau *positif* de l'éternité. Leurs livres *tombent* dans le temps, tout comme les étoiles du firmament. Excès d'éternité d'un côté comme de l'autre.

*

La perte de la naïveté engendre une conscience ironique, qu'on ne peut étouffer, pas même auprès de Dieu. On se vautre dans une hystérie douce, en disant à tout le monde qu'on vit... Et tous y croient.

Le devenir ressemble à une agonie sans dénouement, car le *suprême* n'est pas une catégorie du temps.

Les déserts sont les jardins de Dieu. Il y promène sa fatigue depuis toujours, et c'est là que nos élans tourmentés se lamentent. La solitude est notre point commun avec Lui – mais avec le diable aussi. Depuis les commencements, ils rivalisent dans l'art d'être seuls – et nous sommes arrivés tard, même trop tard pour ce concours fatal. Lorsqu'ils se retireront de l'arène, nous resterons seuls dans la solitude, et les déserts n'auront pas assez de place pour le saut de la mort.

*

La vulgarité est un moyen de purification égal à l'extase – à condition qu'il y ait souffrance. Les affres parmi les ordures, la crasse, la terreur des banlieues, deviennent source de mysticisme – et l'on est plus près du ciel qu'en regardant impassiblement l'icône d'une madone. Le blasphème est un acte religieux; la bonté un acte moral. (Nous savons trop bien que la morale n'est que l'aspect civique de notre penchant vers l'Absolu!)

Du bouillonnement des puanteurs intérieures, des vapeurs s'élèvent vers l'azur. Si tu en sens le besoin, crache vers les astres, tu seras plus proche de leur grandeur qu'en les contemplant avec bienséance et dignité. Une crotte reflète le ciel plus *personnellement* que l'eau cristalline. Et des yeux troubles ont des lueurs d'azur qui entachent le bleu monotone de l'innocence.

Ce qu'on appelle d'ordinaire perfection offre un spectacle fade par l'absence même des affres de la vulgarité. Les modèles de perfection que se proposent les mortels donnent un sentiment d'insuffisance, de vie non accomplie, non réussie. Les anges furent retirés de la circulation pour ce motif même : ils n'ont pas connu les souffrances de la dégradation, les voluptés mystiques de la pourriture. Il faut modifier l'image idéale de la perfection, et la morale devra s'approprier les avantages de la décomposition pour ne pas rester une construction vide.

La morale demande une purification : mais de *quoi?* Que devons-nous particulièrement écarter? Certes, la vulgarité. Mais on ne peut l'écarter qu'en la vivant jusqu'au bout, jusqu'à la dernière humiliation : ce n'est qu'après avoir épuisé toutes les possibilités de souffrance qu'on peut parler de purification. Le *mal* ne meurt qu'en épuisant sa vitalité. C'est pourquoi le triomphe de la morale exige l'expérience douloureuse de la boue : s'y noyer est plus lourd de sens qu'une purification de surface. La décadence en soi n'a-t-elle pas plus de profondeur que l'innocence? Un « homme moral » ne mérite son titre qu'en vertu des titres compromettants acquis dans son passé.

Succomber à la tentation, n'est-ce pas *tomber* dans la

vie? Mon Dieu, laisse-nous succomber à la tentation et délivre-nous du *bien!*

Il faudrait que la prière de chaque jour soit une *initiation* à la Méchanceté, et que le « Notre Père » déchire le voile qui la couvre, pour que, en la regardant en face, familiers de la perdition, nous soyons *tentés* par le Bien.

La morale se perd par son absence de mystère. Le bien, ne cacherait-il aucun secret?

*

La décoloration des passions, l'adoucissement des instincts et toute cette dilution de l'âme moderne nous ont désappris les consolations de la colère, et affaibli en nous la vitalité de la pensée, d'où émane l'art de blasphémer. Shakespeare et l'Ancien Testament montrent des hommes par rapport auxquels nous sommes des singes infatués ou des damoiseaux effacés, qui ne savent pas remplir l'espace de leurs douleurs et de leurs joies, provoquer la nature ou Dieu. Voilà où nous ont amenés quelques siècles d'éducation et de bêtise savante! Autrefois, les mortels criaient, aujourd'hui ils s'ennuient. L'explosion cosmique de la conscience a fait place à l'*intimité*. Endure et crève! c'est la devise de la distinction pour l'homme moderne. La *distinction* – c'est la superstition d'un genre corrompu. Mais la tension de l'esprit demande un certain niveau de barbarie, sans laquelle les piliers de la pensée fléchissent, un état volcanique qu'on ne doit calmer que par des lâchetés voulues. Une idée qui s'élance comme une hymne, avec la magie du délire ou de la fatalité, comme il arrive dans l'incandescence des blasphèmes – ces *langues de feu* de l'esprit.

Les modernes sont tièdes, trop tièdes. L'heure n'a-t-elle pas sonné d'apprendre l'amour et la haine, comme traces de la nature dans l'âme? Le blasphème est une provocation démesurée, et sa force augmente plus il tend vers l'*incommensurable :* là est son but final. Quand les mots ont mis au pied du mur un individu, un peuple ou la nature, reste la colère contre le ciel.

Le blasphème est un attachement à la vie sous l'apparence de la destruction : un faux nihilisme. Car on ne gronde ou ne lance la foudre que de l'absolu d'une valeur. Job aime la vie d'une passion maladive, et le Roi Lear s'appuie sur l'orgueil comme sur une divinité. Tous les prophètes de l'Ancien Testament se mettent en colère *au nom* de quelque chose, au nom du peuple ou de Dieu. Et, au nom du *rien,* on peut lancer des blasphèmes si l'on adhère à lui *dogmatiquement :* un déchaînement impitoyable et incendiaire, un absolu dans le style direct, une vague de destruction appuyée sur une certitude, avouée ou non. Que derrière l'exaspération se cache une croyance ou le titanisme du moi, peu importe à la colère du blasphème tel quel. Le niveau de l'âme, le degré de passion d'un être, voilà le tout. Car *en soi,* le blasphème n'est qu'un dogmatisme lyrique.

*

Fouler aux pieds le délice de mourir chaque jour en soi, partager en deux le fardeau de l'être, avoir un complice pour les déceptions! La femme commercialise l'incompris et, dans le mariage, on vend des parts de solitude – le blasphème devient marchandise. La source du malheur dans l'amour est la peur d'être aimé, car la volupté de la solitude dépasse les étreintes. Le femme *ne s'éloigne pas* de bon gré, mais sent trop bien que la lucidité entache la tromperie de l'extase réciproque. Elle ne comprendra certes jamais comment un homme peut être *pratiquant* du malheur, ni de quelle manière sa présence nuit à la perfection de l'isolement. Et pourtant elle doit s'en aller, s'en aller. Et, après son départ, on saisit quelle grande erreur est la vie, avec elle et sans elle.

Si l'on pouvait mourir au monde à l'ombre de la femme, si son parfum était une émanation de mélancolie pour l'assoupissement d'un cœur arraché à la terre!

*

Il est des détachements du monde qui vous envahissent subitement, comme des souffles mortels, quand les sages semblent de pauvres écureuils, et les saints des professeurs ratés.

*

La clé de l'inexplicable de notre sort est la soif de malheur, profonde et secrète, et plus durable que le désir folâtre du bonheur. Si celui-ci prédominait, comment expliquerait-on cet éloignement vertigineux du paradis, et la tragédie comme condition naturelle? Toute l'histoire donne la preuve évidente que l'homme n'a pas fui la souffrance, mais qu'il a même inventé des rets pour ne pas échapper à son charme. S'il n'avait pas aimé la douleur, il n'aurait pas eu besoin d'inventer l'enfer – utopie de la souffrance. Et si parfois il lui a préféré, avec beaucoup plus d'ardeur, le paradis, ce fut pour son côté fantasmatique, pour sa garantie d'irréalisable – une utopie esthétique. Mais les « événements » de l'histoire nous montrent clairement ce qu'il a pris au sérieux...

*

Depuis longtemps, je ne vis plus dans la mort, mais dans sa poésie. L'on se fond ainsi dans un flux de mort et l'on s'installe, rêveur, dans une agonie délicate, enivré d'odeurs funèbres. Car la mort est comme une huile qui suinte dans l'espace invisible de notre renoncement au monde et nous berce du sursis douloureux de l'extinction, pour nous suggérer que la vie est un terme virtuel, et le devenir une potentialité infinie de la fin.

*

Souffrir : une façon d'être actif sans faire quoi que ce soit.

Correctement, on ne peut demander ce qu'*est* la vie, mais ce qu'elle *n'est pas*.

*

Le désir de la mort commence comme une sécrétion obscure de l'organisme et s'achève en un évanouissement de poésie. L'extinction voluptueuse de chaque jour est un assoupissement du sang. Et celui-ci est la tristesse même.

*

Ce n'est qu'après avoir souffert pour toutes choses, qu'on a le droit d'en rire. Comment piétiner ce qui ne fut pas souffrance? (le sens de l'ironie universelle).

*

Le goût de la solitude ne trouve pas d'accomplissement plus entier que dans le désir accablant de la mort qui, croissant au-delà de notre résistance, alors même que nous ne pouvons pas *mourir,* devient – par réaction – révélation de la vie.

Comment pourrais-je oublier que je *suis,* quand l'excès de mort me délie de la mort?

Je découvrirai la vie dans sa plénitude lorsque je commencerai à penser *contre* moi, lorsque je ne serai plus *présent* dans aucune pensée...

Au début, l'on considère la mort comme une réalité métaphysique. Plus tard, après l'avoir goûtée, après en avoir senti le frisson et le poids, on en a le *sentiment.* On parle alors de la peur, de l'angoisse et de l'agonie, et non plus de la *mort.* Ainsi se fait le passage de la métaphysique à la psychologie.

*

La lumière me semble de plus en plus étrangère et lointaine; je la regarde – et je frémis. Que chercher en elle lorsque la nuit est une aurore de pensées?

... Mais regardez, regardez la lumière; comme elle bruisse et s'effrite en lambeaux, chaque fois qu'on fléchit sous la tristesse. Seule la ruine du jour nous aidera à élever la vie au rang de rêve.

La douceur de la mort serait-elle autre chose qu'un maximum d'irréalité? Et le goût de la poésie, la fusion dans le fantomatique?

Il y a tant de volupté musicale dans le désir de mort, qu'on voudrait l'immortalité uniquement pour ne pas l'interrompre. Ou, si l'on trouvait une tombe pour continuer de l'éprouver, mourir à l'infini dans le désir de mort! Car aucun crépuscule marin, aucune mélodie terrestre ne peuvent remplacer la progression diffuse et la poésie évanescente de l'acte de mourir.

Nulle part ailleurs que dans les vieux lits des hôtels de province, ou dans l'atmosphère embrumée des boulevards, on n'est mieux bercé par les suggestions de l'extinction, ni plus disposé à goûter à un instant final.

Par la mort, l'homme devient contemporain de lui-même.

*

Pour ne pas s'ennuyer, il faut être saint, ou imbécile : la vacance essentielle de la conscience définit la condition humaine. L'ennui est une sorte d'équilibre instable entre le vide du cœur et celui du monde, l'équivalence de deux vides, qui reviendrait à l'immobilité, s'il n'y avait la présence secrète du désir. L'illumination ou l'abêtissement – l'une par excès et l'autre par défaut – se situent en dehors de la condition de l'homme, donc en dehors des atteintes de l'ennui. Mais pouvons-nous être absolument certains que parfois les saints ne s'ennuient pas en Dieu, et que les bêtes – ainsi que le révèle leur regard vide – ne sentent pas le néant de leur ignorance?

L'homme ne peut pas traîner toute sa vie dans l'ennui, quoique celui-ci ne soit pas une maladie, mais une *absence d'intensité*. Le vide consécutif à une souffrance ou le souvenir glacé d'un malheur; l'écoulement du silence auquel on ne peut donner un contenu; l'insensibilité à l'éros et le regret de ne pas la vaincre – voilà les états qui composent la dégradation de la conscience, et qui succèdent à une émotion intense qui ne peut plus les atteindre. On n'a mal nulle part, mais on préférerait une souffrance précise à ce vague angoissant. La maladie même est un contenu – et substantiel – par rapport à l'indifférence pesante et trouble de l'ennui, où l'on se sent *bien;* mais on aimerait mieux une maladie certaine. On regrette la souffrance pour sa précision. La maladie est une occupation, mais non l'ennui. C'est pourquoi il ressemble à une délivrance dont on voudrait se libérer.

Le paradoxe de l'ennui : être une absence à laquelle on ne peut rester extérieur. Par rapport à la maladie : une santé insupportable, irritante, un *bien* monotone et qui n'est grave que pour son caractère interminable, indéfini. Un rétablissement qui n'en finit plus... L'ennui? Une convalescence *incurable.*

*

La vie, dans son sens positif, est une catégorie du possible, une chute dans le futur. Plus on ouvre de fenêtres sur celui-ci, plus on réalise une quantité de possible. Le désespoir, à l'inverse, est la négation du possible, et donc de la vie. Bien plus : il est l'intensité absolue perpendiculaire au Rien.

Une chose est *positive* lorsqu'elle a une relation interne au futur, lorsqu'elle tend vers lui. La vie se réalise *pleinement* en gagnant une plénitude temporelle. Le désespoir s'amplifiant de soi-même, son intensité est un possible sans avenir, une négativité, une impasse en flammes. Mais, lorsqu'on arrive à ouvrir une fenêtre au désespoir, alors la vie – envahie par elle-même – semble une grâce déchaînée, un tourbillon de sourires.

*

« Les renards ont des tanières et les oiseaux du ciel des nids ; mais le Fils de l'homme n'a pas où poser sa tête » (Luc, IX, 10). Cette confession de Jésus – qui dépasse, en solitude, Gethsémani – le rend plus proche de moi que toutes les preuves d'amour qui lui ont assuré un crédit quasi éternel auprès des mortels. Plus on est différent des hommes, moins on a de place dans le monde, afin que l'accès au divin vous sépare de la solitude. Le dernier des mendiants fait figure de propriétaire par rapport à l'errance terrestre de Jésus. Les hommes l'ont crucifié pour lui trouver une *place,* pour le lier d'une certaine manière à l'espace. Mais ils n'ont pas remarqué que, sur la croix, la tête repose dans la direction du ciel – en tout cas plus vers le ciel que vers la terre. Et qu'est la *Résurrection,* sinon la preuve qu'un Dieu, même lorsqu'il est mort, ne peut pas se reposer dans le monde comme tout homme qui n'est plus un homme ?

Une dalle a couvert trois jours l'insomnie de Jésus. Car je ne puis imaginer un Dieu mort qui ne regarderait pas sa mort.

Seuls ceux qui ont dormi leur vie durant peuvent voir dans la mort un sommeil. Les autres, contaminés par l'insomnie, survivront éveillés à leurs cendres ou à leur squelette moqueur ! – Quand toutes les fibres ont été imprégnées par la connaissance, rien ne peut plus faire croire qu'on a cessé un moment d'être *conscient.* On trouve explicable de mourir, mais comment croire qu'on a cessé de *savoir* et de *se connaître ?* A croire qu'on ne reposera sa tête nulle part, ni jamais...

*

Le désir de solitude serait-il autre chose que le déguisement poétique de l'égoïsme?

*

Le monde ne peut *exister* que pour ceux qui ne l'ont pas vu. Les autres ont perdu la vue à ses apparences, et une réalité appauvrie a blessé leurs yeux. L'espace qu'offrent les rêves n'a pas d'horizon, et s'étend ainsi avec générosité devant un regard baissé qui n'en finit plus.

Comme le monde perd ses limites quand la perception, crépusculaire, s'éteint!

*

Si j'étais Dieu, je me ferais n'importe quoi, sauf homme. Comme Jésus serait grand s'il était un peu plus misanthrope!

*

Par rapport à la matière, la vie représente un surplus d'intensité. Ainsi la maladie par rapport à la vie, avec cette différence que nous nous trouvons en présence d'une intensité négative.

*

Lorsque nous sommes malades, la nature nous oblige à la connaissance; on se retrouve *savoir* sans le vouloir. Tout se dévoile à nous indiscrètement, car les secrets ont perdu leur pudeur dans cette science involontaire qu'est la maladie.

*

Étant donné que la vie n'est pas respirable *à froid,* trouverons-nous des feux pour allumer les esprits? Les espoirs se nourrissent de l'incendie de la lucidité.

*

Question devant le passé : à quoi sert un « événement »? L'histoire, en tant qu'universelle, n'existe qu'en tant que moyen d'auto-interprétation. Les faits qui ne m'ont pas découvert à moi-même ont-ils jamais eu lieu? Il nous faut être plus subjectifs à l'égard du passé qu'à l'égard du présent.

*

La solitude est une exaspération ontologique de notre être. On *est* plus qu'il ne faudrait. Et le monde, moins.

*

La vérité est une erreur exilée dans l'éternité.

*

L'homme s'efforce d'être au moins une erreur, tout comme Dieu une vérité. Les deux suivent une voie qui offre très peu de chances et des espoirs réduits. Il est vrai que Dieu est sur la voie de l'éternité, et qu'il se cherche depuis les commencements, tandis que l'errance humaine a une date plus récente. Si l'on peut être plus indulgent avec l'homme, trouvera-t-on des arguments en faveur de Dieu qui n'est rien de plus qu'une synthèse de nos *excuses?* Nous l'avons tous défini par des absences, nous lui avons permis d'être chaque fois que ce fut nécessaire, nous lui avons pardonné l'inaccomplissement jusqu'à la lâcheté. Nous sommes, de toute façon, voués à nous noyer dans l'erreur. — Mais un Dieu qui ne dispose que d'une miette de vérité! Soyez sûrs que s'il l'avait découverte, il l'aurait claironné depuis longtemps!

*

Une pensée qui n'émeut pas un lépreux a-t-elle un lien avec la solitude? Et un livre qui ne peut être dédié au souvenir de Job...

*

Le défaut comme l'excès de vie me pénètrent d'un même frisson d'irréalité. Une mer morte et une mer furieuse manquent également de rythme. Et comme je ne puis marcher au pas avec la vie, ses eaux, qu'elles se retirent ou m'envahissent, me jettent sur un rivage où tout *a été*.

Le plaisir de s'éloigner de sa nature, du fouillis intérieur, de fuir l'être dans la fierté d'un tumulte démesuré... Qui ne se berce pas dans les étendues vides avec l'espoir d'une vengeance, qui ne goûte dans le vide la séduction d'une plénitude future — celui-là ne connaît pas le tourment positif, ne sait pas dépenser utilement l'excès de vanité de la vitalité.

Les psychologues, qui s'appliquent à l'âme d'autrui parce que eux-mêmes n'en ont pas assez, dérivent l'inclination à l'irréel uniquement de nos déficiences. Ils ne savent pas comment l'*absence* peut surgir d'une sensation de barbarie. Ou comment l'anémie et la force se mélangent dans le spectacle d'irréalité de la vie. Car, en effet, à quoi bon leur parler d'un sang privé de rythme, adapté dans les veines au souvenir d'une mer sans vagues ou d'une mer pleine de vagues?

*

Jamais la vie ne m'a semblé *digne* d'être vécue. Elle *mérite* parfois mieux, et parfois beaucoup moins. *Insupportable* dans les deux cas. Le suicide par amour de la vie n'est en rien moins justifié que celui qui a cours d'ordinaire; il est même plus naturel... Le paradis est un état de suicide perpétuel, comme l'enfer. Entre eux s'impose l'état de non-suicide nommé *être*...

*

Si par permission du ciel, on me laissait parler à un mortel d'un autre siècle, je choisirais Lazare le ressuscité. Il m'aiderait certainement à comprendre la peur rétrospective, le sentiment d'avoir été mort, d'être né de la mort et de marcher vers autre chose... d'être exposé à un vague absolu, la naissance dérivant de l'inéluctable de la mort. Lazare me dirait comment on peut mourir lorsqu'on ne peut plus marcher vers la mort, comment on peut échapper à cette Résurrection infinie...

*

La pensée que la vie pourrait être autre chose qu'une floraison démoniaque, qu'elle mènerait quelque part, vers un but extérieur à son vain déroulement, me semble si accablante et non avenue que sa confirmation me blesserait irrévocablement. Alors tout l'inachevé, toutes les paresses que le cynisme excuse, viendraient se ruer sur notre terreur pétrifiée. Nous ne sommes des ratés que si la vie a un sens. Car dans ce cas seulement, tout ce que nous n'avons pas *accompli* constitue une chute ou un péché. Dans un monde pourvu d'une finalité extérieure, un monde qui tend vers quelque chose, nous sommes obligés d'*être* jusqu'à nos limites.

S'il se trouvait un mortel pour me prouver la présence

85

d'un sens absolu, me démontrer l'éthique immanente du devenir – je perdrais mes esprits, de remords et de désespoir. Lorsqu'on a gaspillé sa vie à se consoler dans l'inutile passage, dans les tromperies du devenir, lorsqu'on a souffert passionnément des apparences – l'Absolu vous rend malade. Décidément, la vie ne peut pas avoir de sens. Ou, si elle en a, elle devrait le cacher, si elle veut nous garder encore.

Qui aime tant soit peu la liberté ne se pliera pas volontiers au joug d'un sens. Même s'il s'agit de celui du monde.

*

La nostalgie de la mer, prélude et suite à l'introspection.

*

Toute lucidité est la conscience d'une perte.

*

Notre manière de concevoir les choses dépend de tant de conditions extérieures, qu'on pourrait écrire la géographie de chaque pensée. On commencerait avec la nuance du ciel et l'on finirait avec la position d'une chaise. Les faubourgs de la pensée ont eux aussi leur signification.

*

Pascal – et surtout Nietzsche – semblent des reporters de l'éternité.

*

Lorsqu'on a plongé sans pitié dans les profondeurs de la nature, et qu'on les a dépouillées de leurs richesses par des coups d'œil souterrains, on se retrouve, fier et présomptueux, dans le bercement du Rien. Mais qu'est-ce qui nous interrompt soudain dans cette débauche métaphysique, comme foudroyés par l'*être?* Les résistances secrètes du sang, les passions qui envahissent la connaissance, ou les instincts qui assiègent l'esprit? Quelque chose en nous refuse le Rien, quand l'esprit nous montre que tout est *rien*. Ce *quelque chose,* serait-ce le *tout?* C'est possible, étant donné qu'on vit par lui.

Les saints, les fous et les suicidés semblent avoir vaincu ce *quelque chose,* l'inexplicable essentiel et caché qui endigue l'esprit dans sa dernière fierté. Nous autres, les ratés de l'absolu — la vie nous guette, lorsque nous nous croyons loin d'elle. Et si elle vient à notre rencontre, lors même que nous l'avons oubliée, nous devinons dans ses murmures que l'absolu n'est que le Rien en tant que dernière étape de la connaissance. Et alors nous reculons... Par rapport à l'esprit, la vie n'est qu'une *manœuvre de retrait.*

*

La nostalgie de l'infini, trop vague, prend forme et contour dans le désir de mort. Nous cherchons de la précision même dans la torpeur rêveuse ou dans la défaillance poétique. La mort introduit de toute façon un certain ordre dans l'infini. N'est-elle pas sa seule *direction?*

*

On ne peut apporter à l'encontre du suicide que ce type d'argument : il n'est pas naturel de mettre fin à ses jours avant d'avoir montré jusqu'où l'on peut aller, jusqu'où l'on peut s'accomplir. Bien que les suicidés croient en leur précocité, ils consument un acte avant d'avoir atteint la maturité, avant d'être mûrs pour une destruction voulue. On comprend aisément qu'un homme souhaite en finir avec la vie. Mais que ne choisit-il le sommet, le moment le plus faste de sa croissance? Les suicides sont horribles pour ce qu'ils ne sont pas faits à temps; ils interrompent un destin au lieu de le couronner. L'on doit cultiver sa fin. Pour les Anciens, le suicide était une pédagogie; la fin germait et fleurissait en eux. Et lorsqu'ils s'éteignaient de bon gré, la mort était une fin sans crépuscule.

Il manque aux modernes la culture intime du suicide, l'esthétique de la fin. Aucun ne meurt comme il faut et tous finissent au hasard : non initiés au suicide, pauvres bougres de la mort. S'ils savaient terminer à temps, nous n'aurions pas le cœur serré en apprenant tant « d'actes désespérés », et nous n'appellerions pas « malheureux » un homme qui sanctifie son propre accomplissement. L'absence d'axe des modernes n'apparaît nulle part plus frappante que dans la distance intérieure qu'ils gardent par rapport au suicide soigné et réfléchi, qui signifie l'horreur du ratage, de l'abêtissement et de la vieillesse, et qui est un hommage à la force, à l'épanouissement et à l'héroïsme.

*

Chaque fois que je résiste aux prémonitions de l'extase, je me sens *objet*. Comme si la lumière avait gelé dans mon cerveau... et que le temps s'était effondré dans un cœur mort.

Je regarde les pierres et j'envie leurs palpitations. Comprendront-elles un jour que je m'offre à leur repos? Et les rochers, voudront-ils un jour se noyer dans le silence du sang?... C'est ainsi qu'on devient un objet perverti par l'insensibilité, dans lequel la nature contemple sa dernière immobilité.

Ta pétrification a-t-elle réveillé la jalousie des pierres? As-tu vu comment pointent les veines dans les glaciers?

*

Je ne pense pas à la mort : c'est elle qui pense à soi. Tout ce qui en elle est possibilité de vie respire par moi, je n'existe quant à moi que par le *temps* dont son éternité est capable. Dans la mesure où elle se défend de son absolu, se refuse à la grandeur et descend de bon gré dans la déchéance temporelle, alors je *suis*. Je cherche la vie même dans la mort, et n'ai d'autre but que de la découvrir en tout ce qui n'est pas elle. Si la charogne divine était plus vivante, depuis longtemps je me serais fixé dans ses bras. Mais Dieu a dispensé trop peu de vies pour que j'aie à chercher dans son désert.

On ne peut plus vivre qu'en guettant la vie partout où elle n'est pas chez elle, pour la sauver du risque de devenir étrangère. Ainsi, l'on s'exile dans la mort pour goûter la vie dans sa démarche vaine.

*

Ce qui manque à la santé : l'infini. Voilà pourquoi les hommes ont renoncé à elle.

*

Dans les étreintes, la sensation de bonheur et de malheur fait souffrir d'une faiblesse ambiguë qui nous pousse à souhaiter d'être soudain foudroyé. Des lèvres émane une douceur mortelle, qui submerge la nature, et noie dans un désespoir de paradis. Jamais la mort ne paraît plus enveloppante qu'auprès de l'illimité de l'éros. L'amour est une noyade, une plongée dans l'être et le non-être; car la volupté est un accomplissement et une extinction. Ce n'est qu'en aimant qu'on peut soupçonner que l'auto-destruction se trouve au fondement de la fécondité. Sans la femme – de la musique égarée dans la chair – la vie serait un suicide automatisé. Car en effet, sans elle, en quoi mourrions-nous? Où découvririons-nous des extinctions plus parfumées, des crépuscules plus fleuris, où pourrions-nous vaciller en nous enterrant?

*

Si les hommes marchaient nus, ils gagneraient plus facilement l'aisance physique de la mort. Les vêtements s'interposent entre nous et nos buts, créant une illusion de puissance et d'indépendance. Mais lorsqu'on passe nu devant une glace, on se retrouve voué à la disparition, car dans le corps gît la vanité et moisit la pensée de l'immortalité.

Après quelques millénaires de civilisation, si les hommes commençaient à marcher dévêtus, jetant avec leurs vêtements les illusions qu'ils enveloppent, ils deviendraient tous métaphysiciens.

Mais lorsqu'on s'aperçoit nu, on se souvient qu'on existe et qu'on est mortel. Les vêtements nous prêtent une supériorité artificielle sur le temps : comment être mortel avec le chapeau sur la tête et la cravate au cou? Les vêtements ont créé plus d'illusions que les religions.

*

On dirait que des milliers et des milliers de vies inconnues se suicident en moi, et que de leurs soupirs s'élève une extase ultime, que je ne suis rien d'autre qu'une voûte au-dessus des fins infinies... Si je pouvais m'éparpiller dans les éléments de la souffrance, me briser en morceaux, et n'être plus nulle part, ni, surtout, pas en moi! Me supprimer dans un délire d'absence, et m'éteindre en moi, centrifuge à moi-même.

L'homme est le plus court chemin entre la vie et la mort.

CHAPITRE V

La mort : le sublime à la portée de chacun.

*

Les douleurs les plus féroces et les plus terribles hallucinations ne m'ont pas laissé un dégoût comparable à celui qu'on éprouve après avoir quitté des personnes qu'on déteste ou qu'on aime. Brillant ou non, admiré ou méprisé — lorsqu'on se retrouve sans eux, le suicide semble trop doux. Comme si chaque mot prononcé était devenu de la boue, et restait caché quelque part au fond de notre isolement, pour nous salir à nos propres yeux. Les paroles se transforment en poison, et lorsqu'on s'est confessé des heures durant, notre vide et celui des autres nous donnent des vertiges. Tout ce qui n'est pas solitaire pourrit, et je ne fus jamais assez seul pour m'épanouir.

Chaque conversation nous laisse plus abandonnés que dans une tombe. L'esprit s'est allégé, mais le cœur a pourri. Les paroles se sont envolées et, avec elles, la substance de notre isolement.

*

La distance à l'égard du monde ne peut se vérifier qu'en amour. Dans les bras d'une femme, le cœur se soumet à l'instinct, mais la pensée erre près du monde, fruit malade du déracinement érotique. Et à cause de cela, dans le frémissement de la sensualité s'élève une protestation déchirante, parfois imperceptible, mais présente l'espace d'une lueur, qui nous rappelle en passant la fragilité de la volupté. Comment pourrions-nous autrement cueillir la mort couleur de rose dans chaque baiser, agonisants enveloppés d'étreintes?

Et comment mesurer la solitude, si l'on ne la regardait pas dans les yeux de la femme? Car en eux, l'isolement s'offre à lui-même le spectacle de son infini.

*

L'équivoque de l'amour vient de ce qu'on est heureux et malheureux en même temps, la souffrance égalant la volupté dans un tourbillon unitaire. C'est pourquoi le malheur en amour grandit à mesure que la femme comprend et aime davantage. Une passion sans limites fait regretter que les mers aient des fonds, et c'est dans l'immensité de l'azur qu'on assouvit le désir d'immersion dans l'infini. Au moins, le ciel n'a pas de frontières, et semble à la mesure du suicide.

L'amour est une envie de se noyer, une tentation de la profondeur; en cela, il ressemble à la mort. Ainsi s'explique que seules les natures érotiques aient le sentiment de la fin. En aimant, on descend jusqu'aux racines de la vie, jusqu'à la froideur fatale de la mort. Dans les étreintes, pas de foudre pour vous frapper; et des fenêtres s'ouvrent vers l'espace afin qu'on puisse s'y jeter. Il y a trop de bonheur et trop de malheur dans les hauts et les bas de l'amour, et le cœur est trop étroit pour ses dimensions.

L'érotisme émane d'au-delà l'homme; il le comble et le détruit. Et c'est pourquoi, accablé par ses vagues, l'homme laisse passer les jours, sans plus remarquer que les objets existent, que les créatures s'agitent et que la vie s'use, car, pris dans le sommeil voluptueux de l'éros par trop de vie et par trop d'amour, il a oublié l'une et l'autre, de sorte qu'au réveil de l'amour, aux déchirements inégalables s'ensuit un écroulement lucide et sans consolation.

Le sens le plus profond de l'amour ne se trouve ni dans le « génie de l'espèce », ni même dans le dépassement de l'individuation. L'amour atteindrait-il des intensités si orageuses, une gravité inhumaine, si nous étions de simples instruments dans un processus où, personnellement, nous perdons? Et comment admettre que nous nous engagerions dans des souffrances si grandes, uniquement pour être des victimes? Les sexes ne sont pas capables de tant de renoncement, ni de tant de tromperie.

Au fond, nous aimons pour nous défendre du vide de l'existence, en réaction contre lui. La dimension érotique de notre être est une plénitude douloureuse propre à remplir le vide qui est en nous et en dehors de nous. Sans l'envahissement du vide essentiel qui ronge le noyau de l'être et détruit l'illusion nécessaire à l'existence, l'amour resterait un exercice facile, un prétexte agréable, et non point une réaction mystérieuse ou une agitation crépusculaire. Le rien qui nous entoure souffre de la présence de l'Éros, qui lui aussi est tromperie, atteinte à l'existence. De tout ce qui s'offre à la sensibilité, le moins creux est l'amour, auquel on ne peut renoncer sans ouvrir les bras au vide naturel, commun, éternel.

Étant un maximum de vie et de mort, l'amour constitue une irruption d'intensité dans le vide. Et toute intensité est une atteinte au vide.

La souffrance de l'amour – la supporterions-nous, si elle n'était une arme contre l'ennui cosmique, contre la pourriture immanente? Glisserions-nous vers la mort dans l'enchantement et les soupirs, si nous ne trouvions en elle un moyen *d'être* vers le non-être?

*

On ne se console pas du néant du monde par la force, mais par l'orgueil. Chaque homme est trop fier pour s'incliner devant les évidences : il invente alors l'existence.

Mon intimité avec les choses qui s'éteignent? Je me survis après chaque tristesse...

Il faut que je sois malheureux au dernier degré pour que mon cœur se mette à battre. Le soupir est le rythme idéal de la respiration; et le bonheur n'est pas la température normale de la vie.

*

Il est fort possible que l'amour *en soi* contienne un potentiel de bonheur plus grand que notre esprit, contaminé par le cœur, n'est enclin à croire. Mais alors d'où viennent les accords funèbres de l'ivresse érotique et le parfum de suicide des étreintes?

L'archéologie fatale de l'amour fait ressurgir non seulement les douleurs distinctes et actuelles, mais aussi tous les malheurs incomplets, qu'on croyait enterrés à jamais, les blessures qu'on escomptait guéries; elle attise la soif des souffrances prolongées. A l'instar de la liturgie érotique de Wagner, les ombres du passé s'animent et prennent possession de notre souffrance incertaine, en sorte que nous sommes moins malheureux des sensations immédiates de l'amour que de celles que ranime et réveille le passé.

Si l'amour n'était rien de plus qu'une présence épidermique, il serait impossible de l'associer à la souffrance. Mais l'amour, comme Dieu, s'accommode de plusieurs prédicats. La femme peut être un infini nul; mais devant l'amour, l'infini recule : car, devant lui, tout est trop peu. N'est-il pas des instants d'amour à côté desquels la mort semble une simple effronterie?

*

Il y a des hommes qui, s'ils ne pouvaient réfléchir sur l'amour, deviendraient fous d'amour. La réflexion est la seule dérivation; sans elle, on ne supporterait rien. On mourrait alors à cause de Dieu, de la musique ou de la femme. La transposition réflexive adoucit la fureur des passions, et atténue ce mouvement vers le non-être que recèle chaque volupté. Ainsi, la pensée devient un instrument de médiocrité.

*

Nous nous agitons, nous croyons et pensons pour nous faire pardonner d'exister, comme si quelqu'un nous regardait d'un autre monde avec mépris : pour ne pas devenir victimes de son dégoût, nous nous justifions par des gestes, des mots et des faits. Nous espérons ainsi obtenir sa miséricorde, le pardon de la singularité d'être. – Et lorsque ce spectateur est baptisé *Dieu,* nous embellissons notre pitoyable spectacle, comme si celui-ci était autre chose que le miroir du Grand Affligé.

*

Tout me blesse, et le paradis semble trop brutal. Chaque contact m'atteint comme la chute d'un rocher, et le reflet des étoiles dans les yeux d'une vierge me fait mal en tant que matière. Les fleurs répandent des parfums mortels, et le lys n'est pas assez pur pour un cœur qui fuit tout. Seul le rêve de bonheur d'un ange pourrait offrir un lit à son bercement astral.

Le monde s'est fané à la périphérie du cœur, et l'esprit gît dans les nuits tombantes. L'univers dispense son sourire apeuré, dans lequel je distingue – symbole de la vie – un ange cannibale.

*

Rien ne se réduit à l'unité. Le chaos guette le monde à tous les coins. La contradiction n'est pas seulement le sens de la vie, mais aussi celui de la mort. Tout acte est identique à tous les autres; il n'y a ni espoir ni désespoir, mais toutes choses sont simultanées. On meurt en vivant, et en vivant l'on meurt. L'absolu est simultanéité : des crépuscules, des larmes, des bourgeons, des fauves et des roses; toutes choses nagent dans l'ivresse de l'indistinct. Ah, des solitudes pleines — avec la sensation de Dieu en transe — et lorsqu'on est jaloux de soi-même!

Si tu ne sens pas que *la mer* pourrait te servir de pseudonyme, tu n'as jamais goûté un instant de solitude.

*

Les médecins n'ont pas l'oreille assez fine : car lorsqu'on sait que dans chaque auscultation, on peut découvrir une marche funèbre...

La tristesse fait perdre la qualité d'homme. Si je laissais libre cours à mes penchants, j'irais reposer dans un cimetière de mendiants ou d'empereurs déments.

*

La femme est une révélation de l'absolu comme source de malheur seulement. En aspirant en elle, métaphysiquement, les mystères de sa constitution, on vainc la vie par ses propres moyens, même lorsque la panique de l'anémie au paroxysme de la défaillance déverse des flammes abstraites dans le sang.

Un amour achevé, une volupté qui ne serait pas, délicieusement, un désastre, compromet également l'homme et la femme. L'amour ne peut être supporté, mais seulement souffert. On pose son front sur un sein, et l'on s'expatrie avec toute la terre.

Quoi qu'on fasse pour la femme, on ne peut qu'en avoir le culte, même si l'on est misogyne. De plus, cette adoration a un motif plus prestigieux, et cela d'autant plus qu'elle ne s'applique pas à une valeur intrinsèque : on n'adore pas la femme, mais ce qu'on est par elle. Un culte nécessaire pour éviter le narcissisme.

On court après les femmes par peur de la solitude, et l'on reste avec elles en raison d'une soif égale à cette peur. Car plus qu'ailleurs, en amour, on pourrit de soi-même.

La sexualité est une opération où l'on se fait tour à tour chirurgien et poète. Une boucherie extatique, un grognement d'astres. – Je ne sais pourquoi, en amour, j'ai des sensations d'ex-saint...

*

L'amour montre jusqu'où nous pouvons être malades dans les limites de la santé : l'état amoureux n'est pas une intoxication organique, mais métaphysique.

*

Quoi qu'on dise sur le suicide, nul ne pourra lui ravir le prestige de l'absolu ; n'est-il pas une mort qui s'auto-dépasse ?

*

Las de l'individuation, je voudrais me reposer de moi-même. Comme je pulvériserais mon cœur au loin, pour que les vipères recroquevillées dans mon cerveau aspirent idée après idée, rampantes, enivrées de déses-poir ! Écroulez-vous, firmaments du ciel, vous n'aurez plus quoi écraser ! Les astres tournent dans l'univers comme des œufs pourris, dont toutes les roses du paradis ne pourraient couvrir les émanations. Saurai-je briser mes pensées contre ma propre ombre?

Si les diables goûtaient l'amertume du sang, ils deviendraient fous de tristesse. Or elle circule dans les veines à volonté – et personne ne l'arrête! C'est comme si des larmes se dégivraient dans le sang, dans un soupir long et lointain. Qui aurait pleuré dans mon sang?

*

Si l'amour n'était pas ce mélange insoluble de crime prémédité et d'infinie délicatesse, comme il serait aisé de le réduire à une formule! Mais les souffrances de l'amour dépassent les tragédies de Job... L'érotisme est une lèpre éthérée... La société n'isole pas, mais aggrave la souffrance en diminuant l'isolement.

*

Rien ne nie la vie plus intensément, plus douloureusement, que sa suprême pulsation en amour; et en voulant nous attacher à elle grâce à la femme, nous ne faisons que la dépasser. L'amour n'a pas de place dans la vie : c'est pour cela que le parfum des femmes a l'odeur de mort des couronnes de cimetière.

*

Où fleurit mieux le suicide qu'en un sourire?

*

La profondeur de l'amour se mesure à son potentiel de solitude, lequel s'exprime par une nuance de fatalité, visible dans des gestes, des mots et des soupirs. Le penchant du cœur vers le *non-être* accorde à l'amour plus de sérieux qu'au désespoir. Tandis que celui-ci ne ferme pas l'accès à l'avenir, nous précipitant irrémédiablement dans le désastre pur du temps, l'amour mélange le manque de désespoir à la tentation du bonheur unique. Le désespoir est une impasse furieuse, un irréparable tumulte, une exaspération de l'impossible, mais l'amour un désespoir *vers* l'avenir, ouvert au bonheur.

*

Le simple fait de boire de l'eau est un acte religieux. L'absolu se délecte dans le premier brin d'herbe. L'Absolu et le Vide...

Où n'y a-t-il pas de Dieu? Ni Dieu ni Rien? Le désespoir est une vitalité du Néant...

*

La théologie n'a pas encore pu élucider qui est le plus seul : Dieu ou l'homme. Est venue la poésie, et nous avons compris que c'était l'homme...

*

La révélation subtile de l'irréalité lorsque, pris de panique, on a envie de se diriger vers l'agent de police du coin pour lui demander si le monde existe ou non... Et comme on est tranquille tout d'un coup, joyeux de l'incertitude... Car, en effet, que ferait-on s'il existait vraiment?!

*

J'aime les hommes de l'Ancien Testament : ils sont vindicatifs et tristes. Les seuls qui aient demandé des comptes à Dieu, chaque fois qu'ils l'ont voulu, qui n'ont laissé échapper aucune occasion de lui rappeler qu'Il est impitoyable, et qu'ils n'ont plus le temps d'attendre. En ce temps-là, les mortels avaient l'instinct religieux, aujourd'hui ils n'ont que la *foi* – et encore. Le plus grand défaut du christianisme est de n'avoir pas su durcir les rapports de l'homme à son Créateur. Trop de solutions et trop d'intermédiaires. Le drame de Jésus a édulcoré la souffrance et enlevé tout droit à la virilité dans les affaires religieuses. Autrefois, on levait les poings vers le ciel, aujourd'hui seulement les regards.

*

On ne saisit le degré d'immanence de l'érotisme que dans la musique religieuse. On l'écoute, et l'on ne comprend pas. Vers quelle région douloureuse de la terre fait descendre la femme? Et lorsqu'elle nous sépare de la terre, où errons-nous sans découvrir le ciel? Bach n'a rendu muet aucun amant. Même inconsolé, on ne le comprend pas; mais seulement dans la vacance de l'amour. Peut-être pire : en vacance du monde.

Mis à part l'amour, qu'est-ce qui nous empêche de finir tous en Dieu?

*

Savons-nous entendre la mélodie secrète de chaque rose? Écouter un sourire? Les yeux peuvent-ils voir s'il s'élève une musique lointaine et douce? Quels sons fusent des regards et meurent dans l'ombre mélodieuse du cœur? Tout prend voix timidement, comme si les choses élevaient leurs accords vers le ciel.

Comme un malade astral, que des sensations troubles et fines t'approchent du secret musical de l'être. Entends-tu les pleurs éthérés d'un monde caché? On dirait que les fleurs se sont arraché les racines du cœur... et tu es resté seul avec leurs soupirs...

Sais-tu écouter le crépuscule d'un lys? Ou la mélodie déchirante d'un parfum inconnu?

Si l'on sentait une rose jusqu'à sa musique, quelle marche funèbre soulèverait pour nous plus délicatement une dalle vers l'azur? Et l'azur même, ne perd-il pas son éclat, aspiré par une mélodie descendant sur nous?

*

Qui te guérira de toi-même? Une jeune fille? Mais qui pousserait la générosité jusqu'au sacrifice pour assumer ta mélancolie? Quelle âme pure, désireuse de rêve et de malheur, risquerait de porter un fardeau qu'elle ne saurait pressentir? Et pourrais-tu te libérer de tes poisons en respirant le printemps d'une jeunesse défunte? Ou ternir des yeux innocents du poids de la tristesse? Quelle virginité ne meurt pas à son approche?

Dans la chair lucide la sève s'engourdit, et les yeux éteints se rallument dans une offrande automnale, cueillie par les pâleurs d'un amour.

*

Depuis qu'Ève a réveillé Adam du sommeil de l'inutile perfection, ses descendantes continuent son œuvre de dégourdissement, et nous tentent encore dans le non-être. Leur regard vague, le vertige aérien de leurs appels incertains, resteront-ils étrangers à notre compréhension trouble?

La vie est l'éternisation de l'instant de peur inconsolé, où Adam, fraîchement chassé du paradis, a pris conscience de l'incommensurable de sa perte et de l'infini de perdition qui l'attendait. Ne réitérons-nous pas tous — au cours de la vie — l'illumination désespérée de cet instant impitoyable? L'héritage du premier homme est la lumière du premier désespoir.

*

Lorsque les étoiles se changeront en poignards et que mon cœur s'envolera vers eux, ils ne parviendront pas à le déchirer assez pour que l'amertume ne trace pas sa révolte sur le bleu des voûtes. Je voudrais périr dans chaque astre, m'écraser contre chaque hauteur, et construire dans des étoiles pourries un abri mortuaire, pour un cadavre décomposé dans l'enchantement des sphères.

Quel chant est descendu dans la chair, quelle perdition sonore enivre chaque cellule, pour que personne ne puisse les arrêter dans leur élan vers la mort?

*

Il y a tant d'indéfinissable en ce mot : *vanité* – comme si Bouddha me l'avait susurré dans un cabaret.

*

Un suicide fait plus qu'un non-suicide.

*

Il est des gens si bêtes que si une idée apparaissait à la surface de leur cerveau, elle se suiciderait, terrifiée de solitude.

*

De même que la neurasthénie est la conséquence organique de notre goût de la beauté, les vertiges traduisent notre penchant pour l'absolu. Plus d'objets pour nous retenir, ni piliers pour nous appuyer, ni bancs où reposer le fardeau de la chair pensive. Les articulations fondent, et l'on tombe dans l'éternité anonyme des choses. Les veines pressentent un autre monde, et n'abritent plus la fierté d'être debout, mais se fanent avec délice dans l'absolu. Et l'âme, désenchantée du monde et de soi-même, suit l'exemple du corps.

*

Je voudrais que ma vie soit racontée par des anges heureux à l'ombre d'un saule pleureur. Et chaque fois qu'ils ne comprendraient pas, les branches inclinées éclairciraient leur ignorance par les brises du chagrin...

*

Si je voulais savoir ce qui m'a le plus enrichi au cours de ma vie, de quelle épreuve je suis sorti plus fort et plus seul — ni l'amour, ni la souffrance du corps, ni la peur devant l'incompris, ni le repentir sans fin des pensées ne seraient la source de ma croissance intérieure : mais tout cela ensemble, enveloppé et purifié dans le sentiment de la mort. Sans lui, on pousse de travers, étouffant la promesse d'auréole ou d'apothéose. Mais lorsque la mort germe dans chaque souffle, le fruit de nos souffrances garde une maturité intacte, et la vie, accordée à ses fins ultimes, est moins proche de la perdition. On ne croît qu'à l'unisson avec une agonie en fleur. Par le sentiment de la mort, nous rendons la vie complice de l'absolu, même si nous lui enlevons de sa fraîcheur : enfermés dans des limites individuelles, que ferions-nous sans la tentation de l'illimité? En mourant, je suis devenu plus que moi-même, en mourant fertilement, faisant germer l'agonie dans le rêve et dans la force. Pourquoi aurais-je peur de finir, quand j'ai anticipé cette fin, joyeux jusqu'à la moelle comme dans les pensées? Ou bien resterait-il une cellule où la mort n'aurait pas fermenté?

Mais il est possible d'enrichir une existence au-delà

de ses prévisions. Et si, dès l'horizon de la vie, l'infini était une maladie? D'où viendrait autrement la fierté du sang triste?

*

Il est des regards féminins qui ont quelque chose de la perfection triste d'un sonnet.

*

Sans le malheur, l'amour ne serait guère plus qu'une gestion de la nature.

*

En chaque parfum se lamente le pleur immatériel d'une fleur, lorsqu'il nous inspire un déchirement funèbre. Il nous enveloppe en lui, et l'angoisse de la mort nous saisit comme une sève qui vient de loin et s'élève lentement et tristement dans la vigueur du corps. Et quel soupir de rose dans notre tristesse, pour l'anoblir!

Parfums chargés de suicide, flottant vastes et troubles vers des cœurs éteints!

*

Même si nous savons depuis quand la mélancolie nous a séparés de la nature, il nous semble pourtant qu'elle nous a accompagnés depuis toujours et que nous sommes avec elle, et peut-être même nés d'elle. Morts, elle nous survivra, tissant la poésie violette de l'extinction sans fin.

Le sentiment de l'éternité négative de ma vie... Je suis mort sans avoir commencé.

*

Lorsqu'on ne se sent plus du tout *homme,* et que l'on continue pourtant à aimer, la contradiction croît en une souffrance indicible, infernale. L'amour – tant bien que mal – dérive des conditions de l'existence en tant que telle, et chez l'homme, il n'est un accomplissement qu'en appartenant, par toutes ses faiblesses, à la forme de vie représentée par l'humain. On ne peut élever vers soi la femme – cet *humain* par excellence – encore moins descendre vers elle. Alors on vit près d'elle et l'on souffre, en l'enveloppant dans la *non*-humanité. Cette perversion d'aimer un être humain, alors qu'on n'a plus de sensations humaines, n'étant plus au-dessus ni en dessous, mais *en dehors* de la condition humaine! Et l'illusion de la femme croyant nous offrir l'oubli, et ne faisant que nous confirmer dans notre éloignement de toutes choses!

*

Pourquoi la terre n'aurait-elle pas pitié de moi en ouvrant ses gouffres pour m'engloutir, me broyer les os et sucer mon sang? Ainsi s'accomplirait le cauchemar qui me jette sous le poids des montagnes et des mers. Ne suis-je pas une charogne qui aperçoit, du fond des mondes, comment s'écroulent les firmaments, comment les voûtes célestes l'écrasent? Sous quelle étoile ne suis-je pas mort, sous quelle mer ou sous quelle terre? Ah, tout est mort, en commençant par la mort! – L'Univers? Des fantômes au fond d'une molaire pourrie...

*

Un vampire – suçant ma dernière goutte de sang – puis commençant à chanter tristement...

*

Tout doit être *réformé* – même le suicide.

*

Les gens exigent qu'on ait un métier. – Comme si vivre n'en était pas un – et encore le plus difficile!

*

Je suis un Job sans amis, sans Dieu et sans lèpre.

*

Ce n'est qu'en augmentant son malheur, par la pensée et l'action, qu'on peut trouver en lui du plaisir et de l'esprit.

*

La vérité – comme toute quantité moindre d'illusion – n'apparaît qu'au sein d'une vitalité compromise. Les instincts, ne pouvant plus nourrir le charme des erreurs, où baigne la vie, remplissent les vides d'une désastreuse lucidité. On commence à saisir le train des choses et l'on ne peut plus vivre. Sans les erreurs, la vie est un boulevard désert où l'on déambule, tel un péripatéticien de la tristesse.

*

Au café – plus que nulle part ailleurs – on ne peut plus parler qu'avec Dieu.

*

Je me souviens que je *suis* uniquement en entendant mes pas sur le pavé, tard dans la nuit.

Serai-je encore longtemps voisin de mon cœur? Combien de temps vais-je marcher à côté de mon *temps?* Et qui m'aurait exilé loin de moi?

*

Les yeux perdus des femmes tristes – et qui ne devraient s'ouvrir qu'au Jugement dernier...

*

La vie, non sublimée en rêve, ressemble à une Apocalypse de la bêtise et de la vulgarité. Qui la supporterait sans son coefficient d'irréalité?

*

Les pensées embaumées par la noblesse du suicide... Comme si l'on buvait du poison de la main d'une sainte, ou qu'on aspirait le péché de la bouche consentante d'une femme perdue. Où êtes-vous, maladies cachées, qui ne montez pas, fatales et impitoyables, vers un sang avide de terreur et de destruction?

*

Tout ce que nous appelons *processus historique* a sa source dans la souffrance en amour. Si Adam avait été heureux avec Ève, rien n'aurait changé dans le monde. La tentation du diable : « vous serez semblables à Dieu » s'est réalisée dans la mesure où la création humaine, née dans la souffrance de l'amour, nous rapproche d'un degré de la divinité. Le bonheur n'a pas de vertu

107

historique. Dieu rapetisse chaque fois qu'un homme ne trouve pas l'Absolu dans l'amour, ou le découvre dans la déception.

*

L'acte du suicide est terriblement grand. Mais il me paraît plus épouvantable de se suicider chaque jour...

*

La maladie d'un homme se mesure à la fréquence du mot « vie » dans son vocabulaire.

*

Fontenelle, presque centenaire, disait à son médecin : « Je ne me sens autre chose qu'une difficulté d'être *. »
Lorsqu'on pense que tant d'autres ressentent la même chose dès la première réflexion, et non pas seulement sur leur lit de mort...
Le fardeau de l'existence devient supportable lorsqu'il pèse jusqu'à l'étouffement. La souffrance n'est douce que sous la forme du *tourment*.
En prenant conscience de son insignifiance, le moi se volatilise avec les vapeurs de la désolation. Que reste-t-il alors du hasard de l'individualisation? Une substance d'amertume répandue dans un crâne de diable abandonné.

---

* En français dans le texte.

CHAPITRE VI

Le besoin pesant de prier, et l'impuissance à s'adresser quand même à quelqu'un... Et ensuite : de se coucher par terre, la mordant avec furie et déversant la rage ou la religiosité négative de la chair.

Lorsque j'aperçois le ciel, j'ai envie de me dissoudre en lui et lorsque .je regarde la terre, de m'enterrer dans ses entrailles. Alors, pourquoi s'étonner que l'un et l'autre se décomposent dans mon esprit et dans mon cœur? J'ai tourmenté mes espoirs entre une géologie du ciel et une théologie de la terre.

Comme je voudrais coller mes joues contre le bleu serein, à l'instar des feuilles qui semblent avoir poussé dans le ciel, lorsqu'on les regarde l'après-midi à l'ombre d'un arbre!

*

Dans le cœur de Diogène, les fleurs devenaient des charognes et les pierres riaient. Rien qui ne fût défiguré : l'homme enlaidissait son visage, et les objets le silence. La nature, insolente, exposait avec générosité son impudeur, dont se délectait la folie clairvoyante du plus lucide des mortels. Les choses perdaient leur virginité sous son regard pénétrant, qui nous enseignait un lien plus profond entre la sincérité et le néant.

Diogène fut-il l'homme le plus sincère? Il semble, car il n'a épargné rien ni personne : sincère même jusqu'à la maladie, puisqu'il n'a pas eu peur des *suites* de la connaissance : le cynisme même.

Qu'est-ce qui l'a poussé à secouer la douceur du préjugé et de la bienséance? Qu'avait-il *perdu,* pour que plus rien ne le liât aux charmes de l'apparence et de l'erreur? L'intelligence seule peut-elle arriver à l'audace et à la provocation de la vérité? Jamais, tant que le cœur résiste encore dans l'erreur et au service du sang. Mais le cœur de Diogène semble avoir été arraché à l'intérêt de l'existence et – chose encore jamais rencontrée – être devenu le berceau de l'intelligence, lieu de repos et de rétablissement de la lucidité. Une fois le sang mis hors jeu et la vie contrôlée sans pitié, où l'erreur pourrait-elle encore se manifester, et l'illusion se délecter? Le cynisme fleurit dans cette évacuation, qui délie de tout et permet de rire, de mépriser, de piétiner tout et d'abord soi-même, fier du vide universel dont le cynique est le spectateur. Il regarde – avec douleur ou en riant – le *rien.*

Qu'est-ce qui a poussé Diogène vers la rupture catastrophique avec le charme naïf, délicat et enveloppant de l'existence? et à commettre un crime contre les erreurs indispensables à la vie? Ne lui doit-on pas un peu moins de cette illusion dont nous nous vantons avec douleur? Quelle consolation lui a manqué, au sein de quelles douceurs a-t-il été interrompu, se séparant du bonheur auquel il aurait dû être sensible, même s'il était né avec une vocation de condamné? Même un monstre naît avec un penchant au bonheur, qu'il ne perd pas même si le bonheur l'abandonne.

Qu'est-ce qui, dans la vie, nous empêche d'accéder au cynisme, même lorsque l'esprit nous y pousse et nous y oblige? Qu'est-ce qui limite l'impertinence ultime de la connaissance?

Faut-il rappeler encore l'amour, générateur d'erreurs fécondes?

Chaque pas en amour intimide la connaissance et l'oblige à marcher modestement à notre côté ou dans notre ombre. La diminution de la lucidité est signe de la vitalité de l'amour.

Mais lorsque *quelque chose* intervient et déchaîne la lucidité dans un empire vaste comme l'être, l'amour se retire, vaincu et hébété. Et lorsque cette *chose* est un être, ou peut-être plusieurs, qu'on avait perdus à l'âge des illusions, le vide qui s'ensuit permet le développement impitoyable de l'esprit froid et destructeur. Normalement, personne ne peut hériter tant de lucidité jusqu'à glisser dans le cynisme, mais au cours de la vie les déceptions rendent le monde transparent, de sorte qu'on *voit* jusqu'au fond ce qu'on aurait dû seulement effleurer. Nous ne connaissons pas la vie de Diogène à l'époque où le malheur en amour décide du cours de la réflexion. Mais qu'importe de savoir *qui* il a perdu, lorsqu'on sait trop bien *ce* qu'il a perdu, et où mène cette perte.

*

Si je pouvais devenir une fontaine de larmes dans les mains de Dieu! Que je me lamente en lui, et lui en moi!

*

Par la passion et le malheur, nous vainquons la relativité de la vie pour la projeter dans l'Absolu. C'est ainsi qu'elle devient une Apocalypse quotidienne...

*

Il y a une grandeur résignée qu'on ne connaît que surpris par le trouble de la mort au milieu des boulevards... Ou encore cette magnifique inquiétude qui nous saisit dans les rues grises de Paris, chaque fois que nous nous demandons si nous avons jamais *existé,* quand les vieilles maisons penchées donnent la réponse négative de leur agonie...

*

Les moyens de vaincre la solitude ne font que l'augmenter. En voulant nous éloigner de nous-mêmes par l'amour, l'ivresse ou la foi, nous ne réussissons qu'à renforcer plus profondément notre identité. On est encore plus *soi-même* auprès d'une femme, dans l'alcool, ou en Dieu. Même le suicide n'est qu'un hommage négatif que nous rendons à nous-mêmes.

*

Le frisson qui nous révèle que l'esprit est resté clair et intact, mais que le sang et la chair ont perdu la tête... Ou que les os ont perdu la tête, lorsque la raison jouit de sa pleine lumière...

Pourvu que les cieux s'écroulent avant la ruine de l'esprit!

*

L'amour semble une occupation vulgaire par rapport à l'adoration, qui filtre les penchants de la vie vers un monde de brises pures. La femme victime de notre soif d'immatérialité peut se considérer, à juste titre, malheureuse en amour. Car ne lui offrons-nous pas trop : un excès qui vexe ce *peu* qu'est le bonheur?

Elle ne comprendra jamais pourquoi l'adoration rend sa présence aussi vaine que son absence. Elle n'a pas besoin d'être, ni de savoir. En quoi pourrait-elle contenter ou adoucir ce besoin d'absolu égaré dans l'Éros? Dans l'adoration, elle n'existe que dans la mesure où elle *n'est pas* — comme prétexte à notre goût pour l'irréalité suprême.

Cet absolu à notre *surface*... baptisé femme.

*

Face à la mer seulement, l'on comprend le manque de poésie qui se cache sous notre résistance devant les vagues de la mort.

La poésie signifie évanouissement, abandon, non-résistance au charme... Et comme tout charme est disparition, qui pourrait trouver une seule poésie exaltante? Elle nous fait descendre vers le suprême...

Il est des cœurs dont la musique, concentrée en une foudre sonore, pourrait faire que la vie recommence dès le début. Si l'on savait toucher la corde cosmogonique de chaque cœur...

*

La duplicité essentielle de toute tristesse : d'une main l'on voudrait tenir un lys, et de l'autre caresser un bourreau. La poésie et le crime auraient-ils la même source?

Dans la tristesse, tout a deux visages; on ne peut être ni en enfer, ni au paradis, ni dans la vie, ni dans la mort, ni heureux, ni malheureux. Une lamentation sans larmes, une équivoque sans fin. Car ne nous chasse-t-elle pas autant de ce monde que de l'autre?

Triste, on l'est depuis toujours, et non de *maintenant*. Toujours, cela veut dire : le monde d'avant notre naissance; la tristesse n'est-elle pas le souvenir du temps où nous n'étions pas?

*

La pâleur montre jusqu'où le corps peut comprendre l'âme.

*

Les étendues du ciel me suffiront-elles pour rapiécer un cœur en loques? Ou faut-il que je mendie aussi celles de la terre? — Comme si elles avaient encore quelque chose à couvrir d'une âme née enterrée!

*

Avez-vous regardé la mer à ses moments d'ennui? Il semble qu'elle agite ses vagues, comme dégoûtée d'elle-même. Elle les chasse pour qu'elles ne reviennent plus. Mais elles reviennent, sans cesse. Il en va ainsi avec nous. Qui nous fait retourner vers nous-mêmes, quand nous nous efforçons de nous en éloigner?

Le besoin secret de s'abandonner à la mer, de se dissiper dans l'agitation vaine de toutes les mers, ne serait-il pas le goût de l'ennui infini, avec une sensation d'évanescence plus vaste que les lointains? Ni le vin, ni la musique, ni les étreintes ne savent rapprocher de la douceur du déchirement, comme les vagues qui montent vers notre vide et notre insignifiance, et nous consolent par des promesses de disparition! La mer — commentaire sans fin de l'*Ecclésiaste*...

Un homme heureux déchiffre-t-il quelque chose dans les étendues marines? Comme si la mer était faite pour les *hommes*! Pour eux, il y a la terre, cette pauvre terre... Mais les accords du malheur s'unissent à ceux de la mer, en une voluptueuse et déchirante harmonie, qui nous jette en dehors du destin des mortels.

La tonalité de la mer est celle d'une mort éternelle, d'une fin qui n'en finit plus, d'une agonie. Nul besoin d'un cœur malade de nuances, ni d'une sensibilité atteinte des subtilités de l'extase, pour surprendre le frisson mortel des mélodies marines, mais seulement d'un penchant pour les secrets et les voix de la mélancolie. Alors on n'est plus sûr de son identité, et il faut en quelque sorte rassembler ses esprits, se repêcher sans cesse, pour ne pas se laisser engloutir par les mers qui s'étendent en soi et au-dehors. On ne peut se maîtriser qu'entre

114

quatre murs. Car les appels des lointains poussent plus loin que le calcul de l'existence...

La mer n'est une tentation de disparition que pour ceux qui l'ont déjà découverte durant des jours et des nuits d'introspection... A la voir devant soi, l'on ne fait que vérifier le précipice de ces jours et de ces nuits... Le démonisme de la mer est une tourmente odorante, une ruine à laquelle on ne peut se refuser sans marcher sur ce qu'il y a de plus profond en nous... une décomposition noble qu'il faut cultiver. Le sang ne palpite-t-il pas ensuite au rythme marin, son orgueil mélancolique ne s'accorde-t-il pas à la blessure bleue, mouvante et infinie? Cette vaste et liquide souffrance, puisse-t-elle combler mon goût pour les douleurs démesurées, et assouvir ma soif de malheurs sans pareils! Que les mers se mettent en colère et brisent leurs vagues contre le cœur humain!

Lorsqu'on erre sur les bords de la mer, on quitte le Paradis des avortons : lequel n'est qu'une mer sans démonisme. L'image du paradis ne m'a poursuivi que dans ces moments dangereux où fondent les articulations et ramollissent les os, dans une suprême faiblesse, et une totale déficience. Cette image, la plus pure que forme l'esprit, émane d'une vitalité déficiente.

Nulle part plus qu'à la mer on a tendance à considérer le monde comme une prolongation de son âme. Et nulle part ailleurs on n'est plus apte au frisson religieux par la simple contemplation. Une vie pleine, auréolée d'absolu, ferait de chaque perception une révélation : or on se prend à la réaliser dans l'inspiration des crépuscules marins... Oublierai-je jamais la tombée du soir au Mont-Saint-Michel, ce soleil à l'agonie et cette citadelle plus seule que le soleil, comme si tous les crépuscules du monde m'appelaient vers une grandeur triste, entrevue, pressentie? Et se promener, avec ce crépuscule dans l'âme, dans le parc de Combourg, s'efforçant d'être digne de l'ennui du grand René. Il faut vraiment connaître la désolation magnifique de certains jours à Saint-Malo et à Combourg pour pouvoir excuser Chateaubriand. Il est vrai qu'en dehors de quelques pages des *Mémoires,* on le relit difficilement, car sa rhétorique, si ample, est cependant dépourvue de substance. Ses lamentations ne sont pas assez méditées, ni son ennui assez essentiel. Si pourtant je l'ai aimé, ce fut pour le déroulement somptueux de sa vie, pour avoir élevé le vide intérieur au rang d'art.

Il a si bien su tirer parti de son néant que nous ne pouvons être que ses épigones dans la carrière de l'ennui. Il faudrait au moins voir la chambre où il a passé son enfance, et entrevoir ce que pouvaient être ses discussions avec Lucile, envers qui tout amateur de mélancolie doit avoir de la piété – pour saisir combien la désolation issue d'un village valaque reste loin du prestige funèbre de celle qui naquit dans un château solitaire. Nous sommes plutôt *affligés* que tristes, car nous ne connaissons pas la fierté du sort malheureux, mais les ombres du destin amer.

« Un cœur plein dans un monde vide. » Chateaubriand s'était trompé en définissant ainsi l'ennui; il s'est trompé par orgueil. Car dans l'ennui, nous ne sommes pas plus que le monde, mais tout aussi *peu* que lui : c'est une correspondance de deux vides. Car si nous étions plus, nous nous appuierions davantage en nous-mêmes, nous serions assez pleins d'existence pour ne pas risquer la raréfaction de la conscience, d'où surgit le vide intérieur. Les états de grande tension, dans l'extase comme dans la souffrance, nous rendent imperméables à l'ennui, quoique, du côté du monde qui nous entoure, puisse venir une irrésistible suggestion de vanité.

*

A voir les choses de plus près, on ne peut les aimer qu'à la mesure de leur irréalité. L'existence n'est supportable que par son coefficient de non-existence : ses virtualités de non-être nous rendent l'être plus proche. Le rien est un baume essentiel.

Je comprends mieux ainsi notre penchant maladif, plein de souffrance passionnée, pour la femme. Quoique plus ancrée que nous dans la vie, elle garde quelque chose d'irréel, fait de cette poésie vaporeuse dans laquelle nous nous complaisons à l'envelopper, et de l'équivoque de la sexualité. La femme est tout sauf une évidence. Et la souffrance en amour, accompli ou non, gagne en profondeur et en étrangeté, au fur et à mesure que la présence de la femme s'élève à une perfection aussi charnelle qu'indéfinissable. L'amour n'est infini que *négativement :* il convertit la plénitude en souffrance. On ne ressent le besoin du malheur que pour prêter aux frissons érotiques une expression suprême.

La sexualité sans l'idée de la mort est effroyable et dégradante. Les bras des femmes sont des cercueils d'azur. L'équivoque de l'érotisme est cette suggestion même, mortelle, de plénitude, d'excès désastreux, de floraison crépusculaire.

Qui, en s'abandonnant à la mer ou à son souvenir, n'a pas eu honte d'avoir passé des instants d'amour, content ou indifférent? La mer n'est-elle pas comme un reproche devant tout accomplissement? Ne l'obligeons-nous pas au reflux lorsque nous la regardons avec des yeux sans chagrin? La mélancolie est un hommage de chaque instant aux étendues marines; dans les regards rêveurs et perdus, la mer se prolonge au-delà de ses bords, et les océans continuent leur flux idéal vers la tristesse. C'est pourquoi ces yeux n'ont plus de *fond...*

*

Qu'il est étrange de se promener parmi des femmes et des passants, en se demandant si cela *vaut la peine,* ou non, d'être Dieu! Ruminant l'illusion de son éternité, l'on se dit : « Au-delà de mes limites, serais-je encore maître de moi-même ? » — Et des passantes susurrent : « Moi je préfère Crêpe de Chine. »

Quelle chance qu'il se trouve encore des femmes embellies par la maladie, qui comprennent le climat de la douleur et la perte de la lucidité! L'esprit est de la matière élevée au rang de souffrance; et comme les femmes sont avides de douleurs, elles participent à l'esprit.

L'innocence est l'antipode de l'esprit. De même, le bonheur et tout ce qui n'est pas douleur.

*

Les jardins sont des déserts *positifs.*

*

Lorsqu'on n'est plus en accord avec le monde ni par la pensée ni par le cœur, il faut courir sans cesse, pour faire le tour de soi-même au rythme de ses pas, et oublier que tout ce qui existe est fait de larmes. Sans quoi, l'on redevient jardinier du suicide.

La folie est une chute du moi dans le moi, une exaspération de l'identité. Lorsqu'on perd ses esprits, rien n'empêche plus d'être soi-même sans limites.

*

La maladie : étape lyrique de la matière. Ou peut-être mieux : matière lyrique.

*

On ne peut expliquer un paradoxe, non plus qu'un éternuement. D'ailleurs, le paradoxe n'est-il pas un éternuement de l'esprit?

*

La tristesse est l'indéfinissable qui s'interpose entre moi et la vie. Et comme l'indéfinissable est une approximation fragile de l'infini...

*

Lorsqu'on est aimé, on souffre plus que lorsqu'on ne l'est pas. Abandonné, on se console par l'orgueil; mais quelle consolation inventer pour un cœur qui s'ouvre à nous?

*

Les montagnes trompent leur solitude par le voisinage du ciel, et le désert par la poésie des mirages. Seul le cœur de l'homme reste éternellement avec lui-même...

*

D'où peut venir ce sale penchant à me rouler dans le malheur, pire que les buffles dans les mares ou les porcs dans les ordures? Une paresse éclaboussée de rêve et de fumier...

... Et lorsqu'on sait qu'elle n'est pas un vice de la vie mais sa source; et comment, auprès des femmes, la fainéantise devient éternité...

*

Chaque fois que je regarde le bleu du ciel — le bleu lui-même — je cesse à l'instant d'appartenir au monde. Qui a déclaré apaisante la couleur la plus subtile de la perdition?

Si le ciel avait eu un autre aspect, la religion se serait probablement attachée à la terre. Mais comme le bleu est la couleur du détachement, la foi est devenue un saut en dehors du monde.

Sous chaque nuance, le bleu est la négation de l'immanence.

*

Plus je guéris de moi-même, plus je me ressemble. La mélancolie nous dispense du Moi, à tel point qu'elle est son *mal*.

*

Face au tout de la mort, le rien de la vie est une immensité.

*

Les saints ont dit tant de paradoxes qu'il est impossible de ne pas penser à eux dans les cafés.

*

Le sentiment de la mort est alanguissant et cruel, comme si un cygne et un chacal nageaient ensemble dans les ondes empoisonnées du sang.

*

A lire les philosophes on oublie le cœur humain, mais à lire les poètes, on ne sait plus comment s'en débarrasser.

La philosophie est trop *supportable* : c'est là son grand défaut. Elle manque de passion, d'alcool, d'amour.

Sans la poésie, la réalité est un amoindrissement. Tout ce qui ne vient pas de l'inspiration est déficience. La vie, et encore plus la mort, sont des états d'inspiration.

L'évanouissement de toutes choses dans des cœurs agonisant de poésie...

La mélancolie? Être enterré vivant dans l'agonie d'une rose.

*

Lorsque, atteint d'une noble tristesse, délié des hommes et du monde, on traîne une agonie en fleurs, comment ne pas croire qu'on naquit, par génération spontanée, d'un automne éternel.

En moi erre un Septembre rêveur et sans commencement.

*

Un homme ennuyeux est un homme incapable de s'ennuyer.

*

La vie est une soustraction d'éternité à partir de la mort, et l'individuation une crise de l'infini.

*

L'*attention* ininterrompue à l'être est la source de l'ennui. Quel dommage que l'existence ne résiste pas à l'esprit! Même Dieu y perd à cause de notre attention.

Le néant : l'attention absolue.

*

La joie est le réflexe psychique de l'existence pure — d'une existence qui n'est capable que d'elle-même.

*

Le désir de mourir cache tant de garanties d'absolu et de perfection, tant d'insensibilité à l'erreur, que la soif de vivre gagne en charme par le prestige de l'inaccompli et l'attirance des erreurs parfumées. N'est-il pas plus bizarre d'aimer l'imperfection?

La prédilection pour l'étrange sauve la vie; la mort sombre dans l'évidence.

Il n'y a aucune grandeur dans la vie, ni même dans la mort, mais seulement dans le Rien qui s'élève, éternel et neutre, vers le ciel – comme le Mont-Blanc.

*

En regardant les pics schizophréniques : il est curieux qu'il n'y ait de solitude que vers le ciel.

Les montagnes ne donnent pas une sensation d'infini, mais de grandeur. Pour l'infini, la mer nous suffit – et le malheur.

Je voudrais avoir un cœur là où les Alpes rencontrent l'azur.

*

La mélancolie me dispense de l'alpinisme. Lorsqu'on commence à comprendre les montagnes d'*en bas*...

*

Les femmes qui ne savent pas sourire me font penser à une fanfare de pompiers en plein Paradis.

*

Seule la pharmacie peut encore arrêter les pensées. Lorsque le poison des veilles a dépravé notre être, rien ne peut se faire sous le soleil sans l'irriter. Sauf, peut-être, un dialogue de fleurs sur la mort.

*

La fierté diabolique de disposer de l'amertume devant n'importe quoi, de défigurer la banalité dans le tourbillon du paradoxe et de troubler le silence de la nature par la passion de la contradiction... Il ne reste plus que la débauche de l'esprit sur une réalité défeuillée, un point de vue sombre qui perce le calme de l'oubli et salit toute fraîcheur. Pourquoi s'étonner alors que les cygnes — âmes éparpillées dans des corps — semblent borgnes (ne regardent-ils pas de côté?); qu'un ciel serein réveille l'icône luisante d'un cerveau d'imbécile, et que la vie semble plus comique que les espiègleries d'un saint?

Si les torrents des Alpes pouvaient laver mon esprit et rafraîchir mon cœur! Alors seulement je serais heureux de découvrir la délicatesse de l'ignorance, et de ne pas ruminer par monts et par vaux, par les mers et les déserts, la curiosité fatale d'Adam, me chassant de moi-même par l'insomnie.

Vivre toute sa vie le drame du péché, et parfois se sentir si pur, que des ailes de cygnes vous emportent vers une île d'anges veillant l'agonie du Paradis.

Et pourtant, ce n'est que dans le sentiment du péché qu'on est *homme* au sens propre du mot. Car être homme signifie s'identifier, sous chaque latitude de la terre et du cœur, au phénomène de la chute.

Qui ne sent pas *qu'il va vers le fond* — même lorsqu'il travaille et crée de manière positive, fût-il notaire ou génie — ne comprend rien à la spécificité du destin humain; et ceux qui ne connaissent pas l'attraction irrésistible du malheur, du glissement essentiel, de la *croissance* vers l'abîme, n'ont jamais atteint la condition à laquelle ils ont été destinés.

Seuls les hommes étrangers à la tentation de l'immersion féconde *meurent,* ceux qui ne succombent pas à chaque occasion de la vie. Les autres ont tout derrière eux, et d'abord la fin.

*

La lucidité : avoir des sensations à la troisième personne.

*

Les gens sont, en général, des objets. C'est pourquoi ils éprouvent le besoin que Dieu « existe ». Lorsqu'on est passé de l'objet au soi, Dieu est au-delà du fait d'être ou de ne pas être. A l'instar du moi, il devient une irréalité *qui se cherche.*

*

On ne peut atteindre l'équilibre au sein du monde tant que l'existence n'est pas plus qu'un *état.* Car ainsi, on est sans cesse soit en accord, soit en désaccord avec elle. Normalement, l'existence est irréductible : une résistance devant laquelle nous nous trouvons, sans être obligés de l'accorder ou non à la subjectivité.

Le déséquilibre dans le monde, fruit de l'exaspération de la conscience, dérive de l'incapacité de concevoir la réalité de façon *neutre.* Quel que soit notre effort, elle reste un *état* auquel nous adhérons ou non. L'accentuation subjective de la conscience diminue l'autonomie de l'être : on y gagne en intensité, et la réalité y perd, à part égale, en présence.

La conscience? Ne plus être de plain-pied avec l'existence.

*

Tandis que, dans l'extase, tous les points de l'univers coïncident au centre de notre irradiation, ils se trouvent, dans la terreur, à distance égale de nous, sans qu'un seul nous reste indifférent. Rien ne nous sépare du monde, bien qu'il nous soit hostile. L'extase et la terreur − si différentes − nous engagent également dans le monde.

D'où vient que, stupéfait de leur alternance, on finit par ne plus déchiffrer qui est le moi, et qui le monde. Pour aucun des deux, rien n'est resté neutre; tout y participe, et rien ne se *tient en dehors,* rien n'est *objectif.*

Dans la terreur, on ne sait si le monde est une prolongation négative du moi, ou l'inverse; et dans l'extase, on ne peut guère qualifier la plénitude, tant une fusion unique absorbe les différences de l'être.

Un monde d'orties altruistes et de grosses pierres qui s'invitent à danser le menuet... ou de charognes qui se sourient comme au vaudeville.

La réalité doit être appelée à la vie, ou *interdite.*

*

La présence de l'esprit, devenue collective, rend un peuple anémique et le rapproche de la décadence, malade de raffinement. La fin d'un pays vient en général d'un surmenage de l'histoire, d'un épuisement explicable et fatal. La noble déficience de la Grèce et de Rome dans leur maturité crépusculaire suppose un destin circulaire et la haute expiation d'un excès unique au monde. Un passé de création se paie par les souffrances de la vitalité, et rien n'est plus impressionnant qu'une vieillesse lucide, ouverte à l'immensité de l'amertume.

Mais certains peuples ne sombrent point par l'excès d'esprit, ou, après avoir atteint des sommets, se *rétablissent.* La Hollande, dont la peinture vaut bien la musique allemande – n'a-t-elle pas dégénéré dans la sérénité? Après des hauteurs historiques, son sang est « retombé », et les hommes, à la pâleur, ont préféré... une apothéose du beurre. La Suède ne se meurt-elle pas, échouée dans la prospérité? Qu'est-ce qui, à leur crépuscule, les empêche de se dessécher glorieusement? Et comment peut-il exister des pays sans destin, par peur de cette anémie consécutive à « l'histoire »? Le devenir universel ne retient que les peuples qui ne s'épargnent pas, qui ne pèsent pas leur destin, mais se dirigent triomphalement et impitoyablement vers l'agonie.

Les dangers de la création éloignent de l'esprit les individus autant que les pays. Ceux-ci, en préférant la santé, s'opposent à la nature. Les fleurs retiennent-elles leur odeur pour ne pas se faner? Le parfum est *l'histoire* d'une fleur, tout comme l'esprit celle de l'individu. – Les peuples qui ne se fanent pas n'ont jamais vécu.

CHAPITRE VII

Le temps est parfois si pesant qu'on voudrait se casser la tête contre lui.

Le devenir s'est coagulé dans le cerveau et l'existence prend la couleur du péché.

L'individuation est une orgie de solitude. – En arrière vers l'*Être* ou le *Rien,* vers un salut – *dépourvu d'espoirs.*

Bouddha fut, tout de même, trop naïf...

Dans les grandes solitudes, on se croirait pris à la gorge par un démon, pour le cruel plaisir de Dieu.

Et c'est pourquoi l'esprit tisse alors une théologie de l'irresponsable.

*

La connaissance tue l'erreur vitale de l'amour, et la raison bâtit la vie sur la ruine du cœur.

*

Toute lucidité est une pause du sang.

*

Faut-il avoir *vu* la vieillesse, la maladie et la mort pour se retirer du monde? Le geste de Bouddha est par trop un hommage aux évidences... Manque à son renoncement le *paradoxe.* Lorsqu'on a raison, on n'a aucun mérite à quitter la vie. Mais vivre dans la discorde intérieure – et avoir des arguments contre la solitude! La voie du Bouddha est taillée à la mesure des mortels...

La sérénité du prince penseur ne comprendrait jamais comment on peut voir comme lui, et aimer pourtant l'insignifiance. Bouddha aurait-il été, lui aussi, un maître d'école? Il y a trop de systématicité dans ses renoncements, trop de conséquence dans ses amertumes. Il condamnerait, à coup sûr, l'égarement de celui qui traîne son néant parmi les mortels, et ne comprendrait pas comment, dans le vide du monde, on sourit encore à la vie. Car il n'a pas connu certains sommets du malheur : il a vécu et est mort *consolé*. Comme tout homme étranger à la tentation fatale de la vie, à la séduction du néant de l'existence et du Nirvâna fortifiant de chaque instant.

*

Lorsque toutes les pensées se sont noyées dans le sang, de philosophe on se retrouve avocat du cœur.

*

En regardant l'infini paisible d'un ciel serein : est-il possible que le mal existe encore? — Et immerger ensuite son esprit dans l'azur, pour découvrir que seul le rêve peut nous éloigner de l'éternelle fraîcheur du mal — l'ivresse négative du devenir.

Le ciel a précédé les hommes, la poésie a « existé » avant toutes choses. Comment ont-ils pu rester en arrière, quand un regard fugace vers les étendues bleues est source de délire? Le ciel nous a devancés — sans l'intervention des poètes, il se serait enfermé en lui-même, et il ne nous restait plus qu'à nous regarder dans les yeux — ses épaves — pour nous consoler dans ce naufrage de poésie qu'est le regard humain.

*

La conscience du néant avec l'amour de la vie? Un Bouddha de boulevard...

128

*

Une idée éteint un plaisir et crée une volupté. Assoupissant les réflexes, elle réveille les réflexions. On ne pense que lorsque la vie s'arrête.

*

Quand un être ne trouve pas son assiette dans l'existence, il se trouve en présence du Mal. De celui-ci dérive tout ratage — et le mal étant immanent au devenir, tous les êtres ont à lutter avec lui.

Dans la mesure où Dieu n'est pas assis en soi-même, en ce qu'il déroge à sa condition, il participe du mal. D'ailleurs, n'est-il pas le Grand Raté?

Quant à l'homme, qui depuis Adam cherche son destin, il a acquis une dignité de sa lutte avec le mal. Son ratage a quelque chose de réconfortant et d'héroïque; n'étant pas présent en tant qu'être, n'ayant aucune *place* dans l'existence, il s'est fait une condition de l'absence de condition, de sorte que personne ne peut encore dire si l'homme est quelque chose, un rien, ou un tout.

Nous savons tous ce qu'est un animal ou un Dieu. En tout cas, ils « sont ». Mais l'homme n'est pas : car n'est-il pas un agent de liaison entre les mondes? Ah, le *serait*-il? Mais ce conditionnel est la définition même du Mal.

Dans une théologie « sérieuse », qui tenterait de sauver Dieu radicalement, le mal ne trouve pas d'explication satisfaisante. La théodicée s'est révélée insuffisante devant cet obstacle essentiel.

L'existence du mal fait du Tout-Puissant un Absolu décrépit. Le devenir lui a rogné le mystère et la puissance.

Le Mal n'est compatible qu'avec un Dieu... laïque.

*

L'homme ne sait jusqu'où il peut s'étendre ni jusqu'où vont ses limites. Nous oublions à chaque instant la fatalité de l'individuation, et nous vivons comme si nous étions tout ce que nous voyons. Sans cette illusion, quoi que nous fassions, nous découvririons nos limites.

Mais la conscience individuelle nous immobiliserait dans le monde, car elle nous découvrirait impitoyablement une place dont il serait difficile de se vanter; ainsi nous sommes perdus faute de connaître nos limites, et peut-être le serions-nous davantage si nous les connaissions.

L'homme tâtonne son destin, fier et triste de ne pas le trouver. Seul le désastre dévoile la petitesse de l'individuation; car il nous fait comprendre, sans espoir de consolation, que nous sommes limités en tout, et d'abord à nous-mêmes.

*

Les penseurs qui n'ont pas médité sur l'homme ne savent pas ce que signifie souffrir pour la connaissance et signer sa condamnation par chaque pensée, ou apaiser ses transports dans une orgueilleuse tristesse.

L'anthropologie est un mélange de zoologie et de psychiatrie. On peut bâtir des utopies – en regardant seulement les fleurs. Le Paradis, n'est-ce pas un appendice de la botanique?

*

La volupté nous fait sortir du monde, à la différence du plaisir qui, s'adressant uniquement aux sens, reste privé de nuance religieuse. Rien ne nous rappelle plus le ciel que les frissons par lesquels on voudrait l'oublier.

*

L'homme cesse d'être l'ivraie de l'existence uniquement par la mort, il gagne quelque chose de la maladie
pure des fleurs. – Et de même que les pensées se tirent
d'un fragile crépuscule de la chair, les fleurs poussent
dans une anémie rêveuse de la matière.

*

Pour croire inébranlablement en l'homme, il faut être
incapable d'introspection, et ne pas connaître l'histoire.
Seuls les psychologues et les historiens ont le droit de
mépriser les « idéaux ».

*

Dans les lacunes de la vitalité, rien n'arrive, rien ne
se « passe ». Le désir crée le temps. C'est pourquoi dans
le vide intérieur, lorsque les envies se taisent, dans le
désert de l'appétit et le mutisme du sang, apparaît
soudain l'immense absence du temps, avec l'illusion de
son écoulement. Et lorsque l'horloge d'une vieille cathédrale égrène les heures dans la nuit, ses coups nous
révèlent encore plus douloureusement que le temps a
fui hors du monde. Alors l'immensité devient un soupir
éternel de l'instant, où s'enterrent notre esprit et notre
corps.

*

Dans les frissonnements de la solitude, on est envahi
par la sensation d'être fait d'une autre substance que le
monde. Et quelles que soient les objections rationnelles
qu'on trouverait à élever, pratiquement l'on ne peut
passer outre à cet isolement douloureux, et irréductible.
Les autres semblent victimes d'une erreur inavouable,

et l'existence un vide voué à notre passion de l'égarement. Qu'as-tu fait croître en toi pour que l'existence
ne puisse plus te contenir? L'éternité semble trop petite
pour une âme immense et folle, désaccordée, par son
infinité, à l'existence. Que pourrait-il parvenir jusqu'à
elle, d'un monde devenu muet?

*

Une pensée assèche des mers, mais ne peut sécher
une larme; fait de l'ombre aux astres, mais ne sait
éclairer une autre pensée – une auréole d'inconsolation.

*

La lucidité résulte d'un amoindrissement de la vitalité, comme l'absence d'illusion. *Se rendre compte* ne va
pas dans la direction de la vie; *être au clair* avec quelque
chose encore moins. On *est* tant qu'on ne sait pas qu'on
est. Être signifie se tromper.

*

Lorsque l'existence nous semble supportable, tout
poète devient un monstre. (La poésie est toujours *ultime,*
ou n'est pas.)

*

On est *homme* jusqu'au moment où les os commencent
à grincer de tristesse... Après quoi, tous les chemins
s'ouvrent à nous.

*

Sans le désir de la mort je n'aurais jamais eu la
révélation du cœur.

*

Lorsque je promène ma main sur mes côtes comme sur une mandoline, la sensation de la mort prend la figure de l'immortalité.

Et lorsqu'un rien me dit tout, les sens s'allument dans le vide de l'âme. Alors le néant de la femme survit à celui du monde.

*

Moins on trouve d'arguments pour vivre, plus on se lie à la vie. Car l'amour que nous lui témoignons n'a de valeur que par la tension de l'absurde.

La mort, ayant tout de son côté, a cessé de convaincre : l'appui de la raison lui a été fatal.

L'absence d'arguments a sauvé la vie : comment rester froid devant une telle pauvreté?

*

Il est plus facile de faire la biographie d'un nuage que de dire quelque chose sur l'homme : que dire, quand *tout,* sur lui, est pertinent?

Avec de la bonne volonté, Dieu tient dans une définition; l'homme, non. A lui tout s'applique, tout lui va, comme à tout ce qui est et n'est pas.

*

La paresse est un scepticisme de la chair.

*

Le besoin de prouver une affirmation, de poursuivre les arguments de toutes parts, suppose une anémie de l'esprit, une incertitude de l'intelligence et de la personne en général. Lorsqu'une pensée nous saisit avec force et violence, elle surgit de la substance de notre existence; la prouver, la cerner par des arguments, revient à l'affaiblir et à douter de nous-mêmes. Un poète ou un prophète ne démontrent pas, car leur pensée est leur être; l'idée ne se distingue pas de leur existence. La méthode et le système sont la mort de l'esprit. Même Dieu pense par fragments : mais en fragments absolus.

Chaque fois qu'on essaie de prouver quelque chose, on se situe en dehors de la pensée, *à côté* d'elle, non au-dessus. Les philosophes vivent parallèlement à leurs idées; ils les suivent, patients et sages, et s'ils les rencontrent parfois, ils ne sont jamais *dedans*.

Comment peut-on parler de la souffrance, de l'immortalité, du ciel et du désert, sans *être* souffrance, immortalité, ciel et désert?

Un penseur doit être *tout* ce qu'il dit. On apprend cela des poètes, et des voluptés et douleurs qu'on éprouve en vivant.

*

Le vide intérieur est comme une musique sans sons, un chant sans voix. Ses ondes insonores s'interposent secrètement entre nous et le monde, nous séparent de la vie au milieu du vivre et de la mort au milieu du mourir. Vers quelle douloureuse élévation nous dirige l'esprit de l'être? Pourquoi a-t-on mal à chaque approche, pourquoi la respiration s'anime-t-elle à tout ce qui est lointain?

Où sont les bras cruels qui étreignent tes os tremblants de pensée, lorsque tu penches l'oreille sur les battements d'un cœur enivré, pour nourrir la chère et voluptueuse inconsolation de la terreur?

*

Lorsque mes yeux se ferment et que mes limites s'étendent jusqu'à celles du monde, quelle écoute perçoit mystérieusement à l'horizon un chœur d'enfants fous?

... Dans l'éternité incertaine d'une après-midi d'été, la voix cassée d'un gamin trouble plus que la prière d'un dément, ou que l'irrévocable sourire d'un suicidé.

*

Un penseur n'a pas le droit de se contredire plus que la vie.

*

Il n'y a aucun sens à n'être que poète, mathématicien ou général.

Peut-être les femmes n'existent-t-elles que pour enrichir l'inspiration, peut-être, encore plus, le monde n'est-il qu'un prétexte à la poésie.

Les poètes n'ont chanté ni le ciel ni la terre, mais une sorte d'arrière-monde qui n'existe que dans nos mélancolies.

*

La poésie dans un jardin : un *état dans l'état*.

*

La fainéantise est une mélancolie relevant exclusivement de la physiologie.

*

Une cascade en sourdine figure bien ce qu'on nomme ordinairement l'âme...

*

Dieu serait-il autre chose que la tentative de combler mon infini besoin de Musique?

*

Qui aime la mystique, la musique et la poésie a nécessairement une nature érotique – voluptueux raffiné qui, ne trouvant pas pleinement satisfaction en amour, a recours aux délices qui dépassent la vie. Si l'on atteignait l'absolu en amour, quel sens y aurait-il à courir après des voluptés durables? On n'en éprouverait pas le besoin, et à supposer qu'elles n'intéressent qu'abstraitement, elles ne pourraient susciter une passion continue et intense.

Dans l'amour accompli – avec toutes les vulgarités qui lui sont inhérentes – nous vivons l'aspiration à d'autres mondes comme une distraction ou un prétexte. Comment alors la musique, la mystique et la poésie deviendraient-elles la substance de la vie?

Le saut hors du monde suppose un excès d'individualisation. De même que toute volupté qui se substitue à l'amour direct, légitime et obligatoire du genre humain.

*

On ne peut concevoir une force sans maladie. Il est significatif que les hommes les plus dangereux soient ceux dont la santé est atteinte.

L'histoire est menée par des hommes qui prennent sans cesse leur pouls.

*

Les éléments qui définissent la maladie : excès de conscience; paroxysme d'individuation; transparence

136

organique; lucidité cruelle; énergie proportionnelle à la « déficience »; le paradoxe comme respiration; l'esprit religieux devenu végétatif, réflexe; orgueil viscéral; vanité blessée de la chair; intolérance; délicatesse d'ange et bestialité de bourreau.

Tout malade semble un Dieu qui mendie à la porte du Paradis. D'ailleurs, n'est-ce pas comme si un paradoxe s'était infiltré en chacune de ses cellules? La maladie est un état d'inspiration des tissus, une folie des grandeurs de la chair, un pathos impérialiste du sang.

Lorsqu'on tombe malade, en partie ou totalité, on a l'impression que la nature se met à penser : maximum de positivité du négatif, aspiration des entrailles vers l'esprit, effort dialectique de la matière, application abstraite à l'immédiat.

Sans la maladie – on serait toujours au Paradis. La pathologie concerne les états de génie de la nature.

La santé est un manque d'intensité. La peur de la maladie ne consiste que dans le trouble qu'on ressent devant une plénitude à laquelle on n'est pas préparé, et qui nous effraie, parce que nous sommes accoutumés à la neutralité de l'équilibre, alors que la maladie est une force accrue par le voisinage du Rien.

*

Tout ce qui n'est pas musical est apparence, erreur ou péché.

Oh! Si les vapeurs de la mort montaient mélancoliquement au ciel pour envelopper d'une hymne sonore une étoile immobile!

S'il n'y avait la mélancolie, la musique rencontrerait-elle jamais la mort?

Quand nous réussirons à dissoudre toute la vie en une mer sonore, nous n'aurons plus aucune obligation à l'égard de l'infini.

Certaines musiques vous envahissent d'une fascination

si absolue, que les suicidés semblent des dilettantes, la mer ridicule, la mort une anecdote, le malheur un prétexte et l'amour un bonheur. On ne peut plus rien faire, ni penser. On voudrait alors s'embaumer en un soupir.

*

Wagner semble avoir pressé toute l'essence sonore de l'ombre.

Celui qui aime vraiment la musique ne cherche pas en elle un abri mais un noble désastre. L'Univers ne s'élève-t-il pas pour son déchirement?

*

A l'instar des pensées, la musique s'installe dans les vides de la vie. Un sang frais et une chair rose résistent aux tentations sonores : pas d'espace pour elles; mais la maladie leur fait place. Au fur et à mesure qu'il ronge la vie, l'absolu progresse. N'est-il pas révélateur que dans l'infini de la mort, tout fond en nous, que la matière perd ses limites, que nous brisons nos frontières pour laisser champ libre à l'envahissement du son et de la mort?

Chacun porte en lui, à des degrés différents, une nostalgie du chaos – qui s'exprime par l'amour de la musique. N'est-ce pas cela, l'univers à l'état de pure virtualité? La musique est *tout* – moins le monde.

*

La maladie – accès involontaire d'absolu.

*

La lucidité est un réflexe du péché quotidien d'être, et la connaissance une forme vulgaire de la nostalgie.

*

Comment se refléterait la vie dans une âme non tachée par la connaissance? La réponse serait aisée, si l'on savait comment l'éphémère se laisserait vivre en tant qu'éternité, comment sont faits les anges, ou jusqu'où peut aller le paysage intérieur de la bêtise.

*

On est plus seul en Dieu que dans une mansarde parisienne.

*

Si l'on pouvait penser lorsque les pensées prennent feu! Mais quelle idée pourrait se former lorsque du cerveau émane de la fumée, et que le cœur fait des étincelles.

On désire la nostalgie de la mort et non la mort, parce qu'on n'est pas arrivé au bout du dégoût de vivre, et qu'on est encore fier de l'erreur d'exister.

Mais celui qui a la nostalgie de mourir ne peut plus s'accorder à la vie ni à la mort. Les deux sont terribles. Il n'y a de volupté que dans cette nostalgie-là..., à cette frontière frissonnante qui fait l'équivoque doux-amer de mourir.

*

Chaque fois que je lève les yeux au ciel, je ne peux étouffer le sentiment d'une perte infinie. Si l'on partait en croisade contre le bleu! Avec quelle fougue irais-je m'enterrer dans la couleur du grand regret!

Les automnes se sont embrasés en moi, et mon cœur s'est mis à l'envers.

Le chant long et vaporeux de la mort m'enveloppe

139

comme une écume d'éternité. Et dans la torpeur séduisante de la fin, je deviens une épave couronnée sur les mers musicales de Dieu, ou un ange voltigeant dans Son cœur.

*

Parce qu'ils aiment trop la vie, les Juifs n'ont pas de poètes.

*

Le goût violet du malheur...

*

La tombée de la nuit a quelque chose de la beauté d'une hallucination.

*

Les temps nouveaux ont à ce point perdu le sens des grandes fins que Jésus, aujourd'hui, mourrait sur un canapé. La science, en éliminant l'égarement, a diminué l'héroïsme, et la Pédagogie a remplacé la Mythologie.

*

Le devenir est un désir immanent de l'être, une dimension ontologique de la nostalgie. Il nous rend intelligible le sens d'une « âme » du monde.

*

Pourquoi, lorsque nous plongeons dans le secret du devenir, sommes-nous saisis d'un frisson pathétique et d'un trouble proche de la religion? Le devenir ne serait-il pas une fuite loin de Dieu? Sa marche déchirante, un retournement vers Lui? Cela est possible, car le temps soupire, dans tous ses instants, après l'Absolu. La nostalgie exprime plus directement et plus dramatiquement l'impossibilité de l'homme à fixer son sort. Du « devenir » hypertrophié, il goûte, dans son instabilité, le néant de sa condition. Et n'est-ce pas comme s'il se « dépêchait » avec tout le temps?

Si tout ce qui « est » ne me faisait pas souffrir, comment pourrais-je souffrir d'être? Et sans l'excès balsamique de la douleur, qui supporterait la punition de vivre? Mais, accablé et persécuté, on se prélasse dans un élan funèbre vers l'immortalité, vers l'éternité du mourir − nommée aussi *vie...*

CHAPITRE VIII

Le désir de mourir n'exprime parfois qu'une subtilité de notre orgueil : nous voulons nous rendre maîtres des surprises fatales de l'avenir, ne pas tomber victimes de son désastre essentiel.

Nous ne sommes supérieurs à la mort que dans le désir de mourir, car nous mourons notre mort en *vivant*. Lorsque celle-ci se complaît en nous à son infinité, l'instant final n'est plus qu'un accent mélodieux. C'est un manque de fierté, chez la créature, de ne pas offrir son cœur à l'épuisement voluptueux de la mort. Ce n'est qu'en s'éteignant qu'on l'éteint sans cesse en soi, qu'on réduit son infini. Qui n'a pas connu l'intimité de la mort avant de mourir roule, humilié, dans l'inconnu. Il *saute* dans le vide; tandis que, pris dans les ondes du mourir, on *glisse* dans la mort comme vers soi-même.

*

Lorsqu'on sait le goût de la mort, il devient impossible de croire qu'on ait jamais vécu sans le connaître... ou qu'on est passé, naguère, les yeux fermés, à travers la douceur des paysages de l'agonie. Quelle étrange excitation suscitent les bourgeonnements de l'extinction et l'épanouissement des soupirs sans fin! Toujours jeune aux crépuscules, fortifié par ce qui finit, recherchant les étendues de la mort parce que la vie n'est pas assez vaste, et retenant son souffle pour que le bruit du vivre ne couvre pas le rêve de la fin qui s'égrène!

143

*

Il est des après-midi d'automne d'une immobilité si mélancolique, que la respiration s'arrête sur la ruine du temps, aucun frisson ne pouvant plus animer le sourire pétrifié sur l'absence de l'éternité. Et je comprends alors un monde post-apocalyptique...

*

Il ne faut voir en Dieu rien de plus qu'une *thérapeutique contre l'homme*.

*

On peut échapper aux tourments de l'amour en les dissolvant dans la musique. Ils perdent ainsi leur force brûlante, dans cette immensité vague.

Lorsque la passion est trop intense, les sinuosités wagnériennes la distendent à l'infini, et le tourment, dissous, se laisse bercer dans les vapeurs d'une dissolution plaine, et l'on s'étend, automnal, sur le désert d'une mélodie...

*

Wagner – musique de l'inaccomplissement infini – s'accorde au soupir architectural et gris de Paris. Ici la pierre cache un crépuscule musical, plein de regrets et de désirs... et les rues se rencontrent pour se confesser des secrets, qui ne restent pourtant pas étrangers à un œil affligé. Et lorsque l'azur qui couvre Paris semble avoir condensé les vapeurs en sonorités, les ondes tumultueuses de motifs wagnériens rencontrent le ciel.

Le crépuscule des pensées

*

L'âme d'une cathédrale gémit dans l'effort vertical de la pierre.

*

Je voudrais être caressé par des mains qui sachent laisser glisser le Temps...
...ou pleuré par des yeux arrachés d'un Paradis en flammes.

*

Je suis de plus en plus convaincu que les gens ne sont que des *objets :* bons ou mauvais. Sans plus.
Et moi, serais-je quelque chose de plus qu'un objet triste ? Tant qu'on souffre, non de vivre *parmi* les hommes, mais d'être *homme,* de quel droit faire de son angoisse un sommet ? Une matière qui a honte d'elle-même reste toujours de la matière... Et pourtant...

*

Lorsque l'esprit s'est tu, pourquoi le cœur bat-il encore ?
Et le vert glauque des yeux, vers quoi s'ouvre-t-il encore lorsque le sang est aveugle ?
Quel brouillard épais traverse les entrailles, quels murs s'écroulent dans la chair ?
Et les os, vers qui hurlent-ils dans le ciel, et pourquoi le ciel pèse-t-il sur ma tristesse qui se hâte vers le rien ?
Et quel appel à la noyade pousse mes pensées vers des eaux stagnantes ?
Mon Dieu ! Sur quelle corde puis-je monter vers toi pour écraser mon corps et mon esprit contre ton indifférence ?

*

Les hommes ne vivent pas en eux, mais en autre chose. C'est pourquoi ils ont des préoccupations : car ils ne sauraient que faire du vide de chaque instant. Seul le poète *est* en soi avec soi-même. Et les choses, ne lui tombent-elles pas tout droit sur le cœur?

Celui qui n'a pas le sentiment ou l'illusion que la réalité respire *à travers* lui, ne soupçonne rien de l'existence poétique.

Vivre son moi en tant qu'univers, c'est le secret des poètes – et surtout des *âmes poétiques*. Celles-ci – par une étrange pudeur – amadouent les sens comme en sourdine, pour qu'un enchantement sans limites et sans expression se prolonge indéfiniment en une rêveuse immortalité, non ensevelie sous des poèmes. Rien ne tue davantage la poésie intérieure et le vague mélancolique du cœur que le talent poétique. Je suis poète par tous les vers que je n'ai jamais écrits...

Obsédé par lui-même, le poète est un égoïste : un *univers* égoïste. Il n'est pas triste, mais le monde entier s'attriste en lui; son caprice prend la forme d'une émanation cosmique. Le poète n'est-il pas le point de plus faible résistance, où le monde devient transparent à lui-même? La nature n'est-elle pas malade en lui? Un univers *atteint* – et les poètes apparaissent...

*

Comment ne pas souffrir d'être homme, en regardant les mortels s'essouffler à leur destin?

Quand nous vivrons avec le sentiment que *bientôt* l'homme ne sera plus homme, alors l'histoire commencera, la véritable histoire. Jusqu'à maintenant nous avons vécu avec des idéaux, dorénavant nous vivrons *absolument,* c'est-à-dire que chacun s'élèvera dans sa propre solitude : alors il n'y aura plus des individus, mais des *mondes*.

Adam est *tombé* dans l'homme; nous devrions tomber en nous-mêmes, à notre horizon. Lorsque chacun existera à sa limite, l'histoire prendra fin. Et cela est la *vraie* histoire, la suspension du devenir dans l'absolu de la conscience. L'âme de l'homme ne fera plus de place à aucune croyance, nous serons trop *adultes* pour avoir des idéaux. Tant que nous nous accrochons à des désespoirs et des illusions, nous sommes irrémédiablement des hommes. Presque aucun d'entre nous n'a réussi à se tenir *droit* devant le monde ni devant le rien. Nous sommes des hommes, infiniment hommes : car ne ressentons-nous pas encore le besoin de souffrir?

Être « mortel » signifie ne pouvoir pas respirer sans avoir soif de douleur : elle est l'oxygène de l'individu et la volupté qui s'interpose entre l'homme et l'absolu. « Le devenir » en découle.

*

Si je n'aimais pas soigner les erreurs en douceur, et si je n'assoupissais la conscience par de douces tromperies, où me conduirait l'impitoyable insomnie dans un monde impitoyablement étroit?

Aucune folie ne me consolerait du peu qu'est ce monde dans les instants où le cœur est un jet d'eau dans le désert.

*

L'expérience *homme* a raté. Il est devenu une impasse, tandis qu'un non-homme est davantage : une possibilité.

Regarde un de tes « semblables » profondément dans les yeux : qu'est-ce qui te porte à croire qu'on ne peut plus rien attendre? Un homme est trop peu...

*

Qu'est-ce que la peur de la mort, de l'obscurité, du non-être, par rapport à la peur de soi-même? En existerait-il une autre? Ne se réduisent-elles pas toutes à celle-ci? L'ennui infini de vivre, l'ennui des choses qui deviennent ou ne deviennent pas, la terreur d'un monde mis en branle et le bruit du temps heurtant des sentiments délicats — d'où partent-ils sinon du frisson qui nous rend étrangers à nous-mêmes au sein de nous-mêmes? Comme si, où qu'on aille, on ne tombait pas sur quelque chose de pire que soi, car on est soi-même le mal qui couvre le monde comme une voûte, et l'on ne peut être avec soi sans être contre soi-même! Les grottes cachées terrifient moins que le vide qu'on ouvre chaque fois qu'on coule un œil vers le souterrain de son être. Quel rien bée en notre centre? Peut-on encore rester avec soi-même? Pourquoi les arbres regardent-ils encore vers le ciel, au lieu de retourner leurs feuilles pour cacher notre tristesse et enterrer notre peur?

*

Quelqu'un déchiffrera-t-il un jour le drame de devoir traduire dialectiquement les larmes, au lieu de les laisser couler en vers?

Qui saura un jour quelles barrières il faut imposer aux désirs pour que la pensée puisse surgir, combien de renoncements coûte le bourgeonnement de l'esprit? Et à quel point l'esprit est l'automne de la jeunesse!

*

Mon Dieu! Délie-moi de moi-même, car des parfums et des miasmes du monde je me suis défait depuis longtemps. Élève mon esprit vers un repentir plein de chant, et ne me laisse pas proche de moi-même, mais étends tes déserts entre mon cœur et ma pensée. Ne vois-tu pas l'esprit hostile de mon sort, voué aux blasphèmes et aux pleurs?

Quelles prières trouverais-je pour toi, Vieillard impuissant, et du fond de quel épuisement hurlerais-je vers ton indifférence? Mais qui me dit que je suis vieux moi aussi, plus vieux que toi, et que mon cœur est plus blanchi que ta barbe?

Si je laissais libre cours à mes voix, dans quelles contrées la pensée nous réunirait-elle? Tu ne vois pas, mon Dieu, que nous allons mourir l'un de l'autre, voués à la dégringolade; car ni toi ni moi n'avons su inventer un appui en dehors de nous.

J'ai voulu compter sur toi − et je suis tombé; tu as voulu compter sur moi, et tu n'as pas trouvé sur quoi tomber!

*

La poésie, par rapport à la philosophie, représente plus d'intensité, de souffrance et de solitude. Il reste malgré tout un moment de prestige au philosophe : lorsqu'il se sent seul *avec toute la connaissance*. Alors les soupirs parviennent jusqu'à la Logique. Seule une grandeur funèbre peut encore rendre les idées *vivantes*.

*

Dieu est le moyen le plus propre à nous dispenser de la vie.

*

Les cyniques ne sont ni des « sur » ni des « sous-hommes », mais des « post-hommes ». On arrive à les comprendre et même à les aimer, lorsqu'il s'échappe du tourment de notre vide une confession adressée à nous-mêmes, ou à personne : j'ai été homme et maintenant je ne le suis plus.

Lorsqu'il n'y a plus personne en toi, pas même Diogène, et que tu es vacant même du vide et que tes oreilles ne sifflent plus de néant...

*

Le romantisme allemand – l'époque où les Allemands connaissaient la génialité du suicide...

*

Lorsqu'on s'approche de Dieu par la méchanceté, et de la vie par ses ombres, à quoi peut-on arriver sinon à une mystique négative et une philosophie nocturne?

On croit sans croire et l'on vit sans vivre... Le paradoxe se résout dans une tendresse d'écorché, que renforcent les crépuscules et qu'assombrissent les aurores.

*

Ensorcelé par ce surmenage qu'est la connaissance, on ne ressent que sur le tard la fatigue immense qui suit l'insomnie de l'esprit. Alors on commence à se *réveiller* de la connaissance, et à soupirer après les charmes de l'aveuglement.

Comme la pensée surgit au détriment de la chair, comme chaque pensée est un vice *positif,* le surplus de l'esprit nous pousse vers son antipode. Ainsi apparaissent le désir secret de l'oubli et l'hostilité de l'esprit à l'encontre de la connaissance.

*

L'homme est si collé au vide de l'existence, qu'il donnerait n'importe quand sa vie pour ce vide, et si imbibé par l'infini de l'ennui qu'il supporte le supplice de vivre comme un délice.

Plus on est convaincu de la petitesse du tout, plus on s'y attache. Et la mort semble trop peu pour le sauver. C'est pourquoi les religions sont contre le suicide : car toutes essaient de donner un sens à la vie à l'instant où elle en a le moins. Elles ne sont essentiellement que cela : un *nihilisme contre le suicide*. Toute rédemption a sa source dans le refus des dernières conséquences.

*

Sans les passions troubles qu'offre la musique, que ferions-nous de la belle ordonnance des sentiments chez les philosophes?

Et que ferions-nous du temps blanc, vidé, désolidarisé de la vie, du temps blanc de l'ennui?

On n'aime la musique que sur le littoral de la vie. Avec Wagner, on assiste alors à une cérémonie du clair-obscur, à une cosmogonie de l'âme, et avec Mozart aux fleurs du paradis rêvant d'autres cieux.

*

Tout désespoir est un ultimatum à Dieu.

*

La neurasthénie est chez l'homme ce qu'est la divinité chez Dieu.

*

Les pensées fuient le monde à la débandade, et les sens filent vers le ciel. Où s'enfuit la raison, afin que je m'enivre de mon absence et de celle du monde? Mon

Dieu! que tu es petit pour le désastre de tes fils! En toi, il n'y a pas de place pour abriter notre terreur, car Tu n'en as même pas pour la tienne! Et je vais me cacher à nouveau dans le cœur poussiéreux de mon souvenir!

*

N'est éternel que celui qui n'a aucun lien à la vérité.

Femmes – à qui la vitalité ne permet plus un seul sourire... Jacqueline Pascal ou Lucile de Chateaubriand. Quel bonheur qu'il ne soit pas au pouvoir de la vie de nous détacher de la mélancolie!

« *Je m'endormirai d'un sommeil de mort sur ma destinée* » (Lucile) *.

Le monde est sauvé par les quelques femmes qui ont renoncé à lui.

*

L'anémie est la défaite du temps par le sang.

*

Rien n'exprime de manière plus torturante les déceptions d'une âme religieuse que le désir nostalgique du poison. Quelles fleurs venimeuses, quels cruels soporifiques nous guériront de l'épidémie de l'effroyable lumière? Et quelle tourmente de repentir pourrait nous décharger de notre âme aux limites de l'être?

*

Le temps est une saison de l'éternité : un printemps funèbre.

* En français dans le texte.

152

Le détachement des êtres du chaos initial a créé le phénomène de l'individuation, un véritable effort de la vie vers la lucidité. Les individualités se sont formées comme un cri d'appel vers la conscience, et les êtres ont triomphé dans leur effort pour se détacher de la confusion du tout. Tant que l'homme est resté *être* et cela seulement, l'individuation *n'avait pas dépassé les cadres de la vie,* car il s'appuyait sur *tout* et était tout. Mais l'élan vers lui-même, en le retirant du centre de l'univers, lui a donné l'illusion d'un infini possible dans les frontières individuelles. C'est ainsi que l'homme a commencé de perdre sa limite, et que l'individuation est devenue châtiment : là réside sa douloureuse grandeur. Car sans le cours aventureux de l'individuation, l'homme ne serait rien.

*

Lorsqu'on ne met de mesure à rien, on se mesure à Dieu : tout excès le rapproche de nous. Car Lui ne représente que notre incapacité à nous arrêter quelque part. Tout ce qui n'a pas de limite – l'amour, la furie, la folie, la haine – est d'essence religieuse.

*

La mélancolie est de la folie au sens où le parfum dépasse la nature.

*

Le besoin de finir en Dieu n'est autre chose que le désir de mourir sa mort jusqu'au bout, de la faire durer sans finir, afin que la vie qu'on n'a pas vécue nous survive. La peur de ne pas mourir du tout rend la mort si épouvantable. Nous languissons après l'éternité de Dieu de peur de ne pas être *vivants* lorsque, extérieurement, nous sommes des charognes. Nous avons attendu une éternité pour naître : il nous faut en attendre une autre pour mourir.

*

Puisque, sous un regard mélancolique, même les pierres semblent rêver, on chercherait en vain ailleurs de la noblesse dans l'univers.

*

La mélancolie exprime toutes les possibilités célestes de la terre. N'est-elle pas le rapprochement *le plus lointain* de l'Absolu, une réalisation du divin par la fuite de Dieu? En dehors d'elle, qu'opposerait-on au Paradis, lorsque rien ne nous lie plus au monde que le fait de vivre *en lui,* et le vide positif du cœur.

*

L'avantage du néant sur l'éternité, c'est que le temps ne peut l'entacher; voilà pourquoi il ressemble au sourire mélancolique.

*

La spécificité de la condition humaine s'épuise dans le prestige métaphysique de la souffrance.

L'homme doit souffrir jusqu'au dégoût de la souffrance et de lui-même.

*

Dieu ne serait-il pas l'état de *moi* du néant?

*

Les nuits d'insomnie – et même toutes les nuits – nous ne respirons plus dans le temps, mais dans son *souvenir,* de même qu'au sein de la lumière qui nous blesse, nous ne vivons plus en nous, mais seulement dans notre souvenir.

*

La mélancolie est le seul sentiment qui donne à l'homme droit à la majuscule. Elle concentre son arôme de l'assoupissement des sens et de la veille de l'esprit, sans lequel nous ne regarderions plus vers nous sans le remords de ne pas avoir péri en Dieu.

Le poison des délices amères de l'existence prend voix dans l'enfer musical du sang, dans les effluves duquel s'élèvent ses odeurs funèbres.

*

L'ennui qui nous attend dans l'avenir nous terrifie plus que la terreur de l'instant présent. Le présent en soi dévoile une vie *agréablement* insupportable.

*

La folie est l'introduction de *l'espérance* dans la logique.

*

La grandeur de la volupté procède de la perte de l'esprit. Si l'on ne se sentait pas devenir fou, la sexualité serait une saleté et un péché.

*

Le besoin de poisons ne serait-il qu'un goût négatif de l'éternité? Autrement, pourquoi se débattre dans les

bras d'un diable *divin,* quand le désir de nous empoi-
sonner nous empoisonne la pensée?

Ce désir révèle une crise de l'immanence : il recherche
un maximum de transcendance avec les *moyens du monde*
— Mais tous sont trop faibles pour nous envenimer d'un
autre monde jusqu'à nous faire oublier le venin. Le fiel
de l'esprit s'épuisera-t-il un jour?

... Et à quel point devons-nous être reconnaissants au
ciel pour ce qu'il est un poison qui n'en finit pas, quelle
adoration devons-nous au venin inépuisable de Dieu!
Que ferions-nous si nous ne le buvions pas jusqu'à la
lie dans nos insomnies? Et où serions-nous si nous ne
rampions pas dans ses profondeurs?

*

Les femmes déçues qui se détachent du monde revê-
tent l'immobilité d'une lumière pétrifiée.

*

L'homme dépend de Dieu à la manière dont Celui-
ci dépend de la divinité.

*

Tout patauge dans le néant. Et le néant en lui-même.

*

Fatigué de descendre à chaque instant de Dieu... Et
ce manque de repos nommé « vivre »...

On ne s'épuise pas dans le travail, les peines ni le
supplice, mais dans le repentir d'avancer dans le monde,
avec l'ombre de Dieu dans le dos. Rien n'est plus propre
aux créatures que la fatigue.

Que mon esprit se brise et chancelle! Qui éteindra

les ténèbres sensuelles de mon sang et le grondement hébété de mes os?

*

Dans la passion du vide, il n'y a que le sourire gris du brouillard qui anime encore la décomposition grandiose et funèbre de la pensée.

Où êtes-vous, brouillards cruels et trompeurs, qui tardez à tomber sur mon esprit troublé? Je voudrais étendre en vous mon amertume et y cacher une terreur plus vaste que le crépuscule de votre marche flottante...

Quel froid polaire descend dans mon sang!

*

Être? Une absence de pudeur.

*

L'air me semble un cloître où la Folie est Mère prieure.

*

Tout ce qui n'est pas bonheur est un déficit d'amour.

*

L'homme ne peut rien créer sans un penchant secret à se détruire. *Vivre,* demeurer à l'intérieur de *l'existence,* signifie ne pouvoir rien ajouter à la vie. Mais lorsque nous sommes en dehors d'elle, engagés sur une voie dangereuse, poursuivis par le scandale ininterrompu de la fatalité, rongés par la fierté désespérée du sort implacable, vulnérables, comme un printemps, à la chute, les yeux fixés vers le crime et fous ou bleus sous le poids de la grandeur, – alors nous chargeons la vie de tout ce qu'elle n'a pas été en nous-mêmes.

De la souffrance naît tout ce qui n'est pas évidence.

On n'a de destin que dans la furie irrésistible de broyer les réserves de l'être, voluptueusement attiré par l'appel de sa propre ruine. Le destin consiste à lutter au-dessus ou à côté de la vie, à la concurrencer en passion, révolte et souffrance.

Si tu ne sens pas qu'un Dieu inconnu a égaré son drame en toi, que des forces aveugles, grandies dans la magie de la douleur, surgissent de feux invisibles! – quel nom peux-tu te donner pour ne pas être *tout?*

Ce qui n'est pas douleur n'a pas de nom. Le bonheur *est,* mais il *n'existe* pas. Dans la douleur en revanche, l'existence atteint son paroxysme – au-delà de l'être. L'intensité de la souffrance est un néant plus effectif que l'existence.

*

Mon Dieu, si je pouvais briser les astres, afin que leur éclat ne m'empêche plus de mourir en toi! Mes os trouveront-ils le repos dans ta lumière? Dévoile tes obscurités, fais descendre tes nuits pour que j'y dépose la poussière de mes peurs, et la chair défunte des espoirs! Cercueil sans commencement, dépose-moi sous le noir de ton ciel, et les étoiles seront des clous sur mon couvercle.

*

Une chose est de découvrir Dieu par le néant, une autre de découvrir le néant par Dieu.

*

Rien ne s'explique, rien n'est prouvé, tout *se voit.*

CHAPITRE IX

Qu'est-ce un artiste? Un homme qui sait tout – sans s'en rendre compte. Un philosophe? Un homme qui ne sait rien, mais qui s'en rend compte.

Dans l'art, tout *est possible;* en philosophie... Mais elle n'est que la déficience de l'instinct créateur au profit de la réflexion.

*

Non-philosophie : les idées suffoquent de sentiment.

*

Les maladies sont des indiscrétions d'éternité de la chair.

*

Chaque fois que le vertige me tente, il me semble que les anges ont arraché leurs ailes du firmament pour me chasser hors du monde.

*

Quelle blessure s'est ouverte comme un printemps noir, et fait verdir mes sens de bourgeons funèbres? Dieu m'aurait-il rendu mes blasphèmes?

Chaque insulte à Son adresse se retourne contre celui qui l'a proférée. Car en Le détruisant, on scie la branche sur laquelle on est assis. En étranglant le firmament, on ébranle sa propre fermeté.

La haine contre Dieu part du dégoût de soi-même : on le tue pour masquer sa propre chute.

*

Le but de l'homme est de prendre le relais de la souffrance de Dieu – du moins depuis le christianisme.

*

Est religieux celui qui peut se dispenser de la foi, mais non pas de Dieu.

*

Pourquoi les mains des mortels ne se tendent-elles pas vers la prière, afin que j'appuie sur elles ma tristesse diabolique et ma peur assassine? Pourquoi les pierres n'exhalent-elles pas ma terreur et ma fatigue vers un ciel immobile de sa propre absence? Et toi, Nature, quels pleurs attends-tu encore, et que ne cries-tu ta révolte en prières et en blasphèmes? Et vous, objets inanimés, que ne hurlez-vous contre le sort ennemi de l'âme? Ou peut-être voulez-vous que le ciel meure en s'écroulant sur vous, qui ne connaissez pas la peur de devenir des objets? Et nul rocher ne vole vers les voûtes célestes pour mendier la pitié!

Jadis, les choses priaient pour les mortels et les mers se mettaient en colère pour une âme. Aujourd'hui, toutes choses meurent et les étoiles ne tombent plus dans les mers et les mers ne s'élèvent plus vers les étoiles. Seule l'âme élève son agonie vers les étendues vaincues et les remèdes de la nuit.

*

Au dernier stade de la peur, on a envie de présenter des excuses aux passants, aux arbres, aux maisons, aux rivières, à tout ce qui est mort, ou qui n'est pas mort.

La dernière séparation, le dernier baiser qu'on donne à cet univers, plus mort qu'un mort aimé.

Quelqu'un m'excusera-t-il d'avoir *été?* Que n'ai-je des genoux comme les Alpes, pour demander pardon aux gens et aux horizons!

*

Qui n'a pas eu le sentiment que tous doivent se tuer pour lui et lui pour tous — celui-là n'a jamais vécu.

*

L'héroïsme, c'est de vouloir mourir, mais aussi de vivre lorsque chaque jour pèse plus qu'une éternité. Qui n'a pas souffert de l'insupportable de la vie n'a jamais vécu.

*

Quand on porte sur ses épaules tous les Jugements derniers...

*

La lucidité est un vaccin contre la vie.

*

Faut-il éprouver longtemps le désir de mourir, pour connaître le dégoût de la mort? Ayant assouvi sa passion de la fin, on arrive à l'antipode de la peur de s'éteindre.

161

Quoique la mort, comme Dieu, jouisse du prestige de l'infini, elle ne sait pas, comme Lui, empêcher la souffrance de la satiété, ni alléger le poids de l'excès ou l'exaspération de l'intimité prolongée. Si l'on n'était pas las de l'infini, la vie existerait-elle? Quelle vitalité secrète nous sépare de l'absolu?

*

Seul mon sang tache encore la pâleur de Dieu... (Me pardonneras-Tu les gouttes de la tristesse et de la folie?)

*

Il y a des douleurs dont la disparition du ciel pourrait seule me consoler.

*

Dans les nuits infinies, le temps monte dans les os et le malheur croupit dans les veines. Aucun sommeil n'arrête la moisissure du temps, aucune aurore n'adoucit la fermentation du tourment.

*

« L'âme » tire sa vitalité des passions qui bouillonnent douloureusement, et « le cœur » est un sang opprimé. Le goût de la mort ne serait-il pas une soif de cruauté que, par décence, nous satisfaisons sur nous-mêmes? Nous ne voulons pas mourir, pour ne pas tuer?
« La profondeur » est une cruauté secrète.

*

Pourquoi un ivrogne *comprend*-il davantage? Parce que l'ivresse est souffrance.

Pourquoi un fou *voit*-il davantage? Parce que la folie est souffrance.

Pourquoi un solitaire *sent*-il davantage? Parce que la solitude est souffrance.

Et pourquoi la souffrance *sait*-elle tout? Parce qu'elle est Esprit.

Les défauts, les vices, les péchés ne nous découvrent pas les côtés cachés de la nature par des éclairs de plaisir, mais par le déchirement de la chair et de l'esprit, par la révélation des négations. Car tout ce qui est négatif est *expiation,* et par conséquent connaissance. Un être qui saurait tout serait un fleuve de sang. Dieu, dépositaire de trop de douleur, n'appartient plus au temps : il est une hémorragie aux dimensions de l'éternité. Sa blessure sanglante commence dès le premier instant hors du Néant.

*

Celui qui supprime la vie de quelqu'un obéit à une furie pathologique de la connaissance, même si des motifs mesquins cachent le mobile secret. Le criminel découvre des secrets qui nous restent étrangers. C'est pourquoi il les paie si cher. L'une des raisons pour lesquelles la société exécute l'assassin est de ne pas lui accorder les satisfactions de l'infinité du remords : le laisser en vie revient à lui accorder la liberté de nous dépasser. Les profondeurs du mal confèrent une supériorité irritante; peut-être les hommes ont-ils adoré Dieu par jalousie envers le Diable.

*

Dans l'éclair cosmique de la conscience, le ciel s'éparpille en mélodie, reprise par les montagnes, les arbres et les eaux. Et apeuré par l'absolu de l'instant, le Requiem de l'âme est un naufrage et une auréole.

*

N'est-ce pas comme si le brouillard ténébreux d'un autre monde rêvait notre vie?

Le déroulement intérieur de la mort est un brouillard élevé en principe métaphysique.

Une cathédrale est comme le maximum de matérialité du brouillard : des ténèbres pétrifiées.

*

Il y a chez l'homme un désir secret du remords, qui précède le Mal, *qui le crée*. L'infamie, le vice ou le crime naissent de ce tourment caché. Une fois l'acte consommé, le remords émerge dans la conscience, clair et défini, et perd la douceur de la virtualité.

Le parfum du remords nous conduit vers le mal, comme une nostalgie d'autres contrées.

*

Une âme qui a de la place pour Dieu doit en avoir pour n'importe quoi. — Le besoin de confesser à un croyant nos dernières angoisses ne viendrait-il pas de là? Qu'est-ce qui nous fait croire *qu'il ne peut pas* ne pas nous comprendre? Comme si la croyance en Dieu était un vice à l'intérieur duquel on peut nous excuser de tout, ou un abus face auquel tout est légitimé. Ou que tout crime dans le monde peut nous être pardonné puisque, par Dieu, nous n'appartenons plus à la terre.

Rien ne doit échapper à un croyant : le dégoût, le désespoir, la mort.

Les hommes *tombent* vers le ciel, car Dieu est un abîme, regardé d'en bas.

*

La révélation subite : *tout savoir,* et le frisson qui s'ensuit : ne plus savoir comment. Tout à coup, les pensées ont défait l'univers, et les yeux se sont fixés dans les gisements de l'être.

Le temps a perdu sa respiration. Comment mesurer alors le tourbillon de la lumière qui vous submerge? Il semble durer autant que *l'absence* absolue d'une seconde.

Après de tels éclairs, la connaissance est inutile, l'esprit survit à soi-même et Dieu est vidé de sa divinité.

*

Lorsqu'on a dilaté sa vie, la volonté de se détruire émane d'une douloureuse sensation de plénitude. Car on ne languit dans le désir de mourir qu'en étendant son être au-delà de son espace.

La négation de la vie par plénitude est un état extatique. On ne s'éteint jamais par manque, mais par excès.

Un moment d'absolu rachète le vide de tous les jours; un instant réhabilite une vie. L'orgasme de l'esprit est l'excuse suprême de l'existence. C'est ainsi qu'on perd, de tant de bonheur, ses esprits en Dieu.

*

Des mains pâles sont un berceau où l'on soupire sa vie : les femmes ne les tendent que pour que nous puissions y pleurer.

*

Le brouillard est la neurasthénie de l'air.

*

Ces voix des profondeurs pour lesquelles on aurait besoin des accents d'un Job assassin...

Quel ange fou mendie avec un orgue de Barbarie

devant un cœur verrouillé? — Suis-je détaché de la souffrance de Dieu?

*

Dans le bonheur et le malheur en amour, le ciel, fût-il de glace, ne pourrait apaiser l'ivresse révoltée du sang. La mort l'échauffe davantage, et le mirage du vivre prend forme à partir de ses vapeurs funèbres.

*

Toutes les eaux ont la couleur de la noyade.

*

Dans l'azur timide des matins, la pâleur de tant de femmes, aimées ou non, s'offre à nous comme un désert fleuri au goût mortel d'infini.

Pourquoi, à l'ombre des femmes, l'infini nous semble-t-il proche? Parce que, auprès d'elles, *il n'y a plus de temps*. Et notre trouble s'accroît parce que nous atteignons *dans le monde* un état qui dépasse le monde.

L'amour est une apparence *au-delà du temps :* le devenir n'y est-il pas suspendu au sein de la vie? Il y a des étreintes où le temps est plus absent que dans un astre mort.

L'amour étant une rencontre douloureuse et paradoxale du bonheur et du désespoir, le temps ne saurait contenir son excès inhumain. C'est pourquoi chaque fois qu'on se réveille de l'amour, il semble que le temps ait pourri dans on ne sait plus quel cœur.

*

Ce qui rend le péché supérieur à la vertu est un surplus de souffrance et de solitude, qui ne se rencontre pas dans « la conscience tranquille », ni dans « la bonne action ».

En soi, c'est un acte d'individualisation, par lequel on *se sépare* de quelque chose : d'un homme, des hommes, ou de tout. Être seul dans un état diffus de péché, d'où naît le besoin de Dieu : de la peur de soi-même. Les vertus ne servent pas le ciel.

*

Après qu'on a goûté les illusions de la vie, les déceptions s'étalent doucement, comme de l'huile, et l'être se revêt des splendeurs de l'évanescence.

... Et alors on regrette de ne pas avoir connu plus d'illusions, pour se bercer dans l'amertume de leur absence.

*

Sans le sentiment de la mort, les hommes sont des enfants – mais avec lui, que sont-ils d'autre ?

Lorsqu'on sait ce qu'est le finir, l'*être* n'a plus le parfum de l'existence. Car la mort vole la mélodie de la vie. Et de toutes deux, il ne reste qu'un désastre nocturne et musical.

*

Lorsqu'on a connu les amertumes et les douceurs des cœurs, on regrette de n'en avoir qu'un seul à briser.

*

Depuis quand les déserts se seraient-ils installés dans le sang de l'homme ? Et les ermites, depuis quand crient-ils dans le désert leurs prières vers les hauteurs ? Combien de temps les étendues se lamenteront-elles dans leur ondoiement empoisonné? Et quand cessera la noyade des opprimés dans les vagues intérieures de la mort?

Mon Dieu! Ton seul martyre : le sang de l'homme.

*

Si la mort n'interrompait pas les consolations du désir de mourir...

Mais la vie étant dépourvue d'infini, comment pourrions-nous mourir sans un terme?

*

L'homme, dégoûté de lui-même, devient un somnambule qui cherche à se perdre dans les déserts de Dieu.

*

Si tu ne crois pas être l'auteur des nuages qui recouvrent le ciel, à quoi bon parler de l'ennui? Et si tu ne sens pas combien le ciel s'ennuie en toi, à quoi bon regarder vers Dieu?

*

Les bonheurs qui ne réveillent pas en nous le désir de mourir sont vulgaires. Mais lorsque l'univers devient une écume d'extase et d'irréalité, que le ciel fond dans la chaleur du cœur, et que l'azur coule dans son espace fou d'immensité – alors les voix de la fin émanent du chaos sonore de la plénitude. Et le bonheur devient aussi vaste que le malheur.

L'infini doit être la couleur de chaque instant, et puisqu'en vivant je ne peux l'honorer que par crises, élève-moi, Mort, jusqu'à son prestige ininterrompu, et enveloppe-moi dans l'insomnie du non-fini! Aurai-je des larmes pour tout ce qui n'est pas mort en moi?

*

L'amour est le seul moyen efficace de se tromper dans *le cadre de l'absolu.* C'est pour cela qu'en amour on ne peut être près de Dieu que *par toutes les illusions de la vie.*

*

Qui a été contaminé par l'éternité ne peut plus participer à l'histoire que par la volonté d'autodestruction. Car parmi ses semblables, l'homme n'est créateur que par sa propre ruine.

L'homme est le seul être qui ait secoué l'ivresse du temps. Et tout son effort est de rentrer en lui, de redevenir *temps.*

Le privilège de l'isolement dans la nature dérive de la rupture de la conscience et du devenir. C'est en marchant à côté du temps que l'homme est homme. D'où vient que, chaque fois que sa condition l'ennuie, les instants ne lui semblent jamais assez fluides ni assez profonds pour apaiser sa soif d'immersion.

*

Lorsque l'esprit se dirige vers Dieu, on n'est plus attaché au monde que par le désir de ne plus être en lui.

La sensation de vieillesse éternelle : porter le temps sur le dos dès son premier instant... L'homme reste *droit,* pour se cacher à lui-même combien il est voûté à l'intérieur.

L'ennui : ne pas trouver l'équilibre dans le temps.

169

*

Le cœur est le lieu où la nuit rencontre le désir de mourir pour se dépasser dans le non-fini...

*

Ni les mers, ni le ciel, ni Dieu, ni le monde ne sont un univers. Seulement l'irréalité de la musique...

*

L'oubli guérit tout le monde, hormis ceux qui ont conscience de leur conscience, phénomène de lucidité qui les situe parallèlement à l'esprit, dans un ultime dédoublement.

*

Dans la mer divine, l'archipel humain n'attend plus que le flux fatal qui le noiera.

On est lié à Dieu, comme une péninsule, par l'orgueil; on lui appartient sans lui appartenir. On voudrait Le fuir, bien qu'on soit une partie de Lui.

Éléments d'une géographie céleste...

*

Dans la tristesse, une seule chose est douloureuse : l'impossibilité d'être superficiel.

*

Être plus « paresseux » qu'un saint...

*

La passion du mourir naît de tout ce qu'on n'a pas aimé et s'accroît de tout ce qu'on aime, de sorte qu'elle se prolonge avec la même chaleur dans les pensées hostiles à la vie, que dans celles qui lui sont favorables. Elle vous envahit en pleine rue, à l'aube, dans l'après-midi, ou dans la nuit, éveillé ou assoupi, parmi les hommes ou loin d'eux, dans l'espoir comme dans l'absence d'espoir. Pris par ses frissons — semblables à une étreinte ascétique — on fond intérieurement dans une extase inachevée, en écoutant le vain murmure des ondes du sang et les chuchotements nostalgiques des saisons intérieures.

Si j'arrachais de mon âme une icône du Paradis, elle dévoilerait un monde où les fleurs se ferment et s'ouvrent avec le désir de mourir. Et j'y serais l'humble jardinier de leur agonie.

*

Certains êtres vivent si intensément en nous, que leur existence extérieure devient superflue, et qu'une nouvelle rencontre avec eux serait une surprise pénible. Vivre est indécent de la part de celui qu'on a adoré. Il doit expier irrévocablement le poids que l'autre avait pris en charge, en *le vivant.* C'est pourquoi il y a des ratés plus grands que de virtuels héros ou que des femmes adorées. Car par la mort, ceux qui aiment ne deviennent pas *davantage,* mais ceux qui sont aimés.

*

Le fait d'être homme est à la fois si important et si nul, que seule le rend supportable l'immense souffrance contenue dans cette décision. Sentir qu'il est plus révélateur d'être homme plutôt que Dieu, que cet être mêlé

de non-être qui fait la condition humaine est douloureusement significatif, et pourtant être écrasé par les
limites palpables d'un drame apparemment incommensurable!

Pourquoi l'égarement humain est-il plus déchirant
que le divin? Pourquoi Dieu semble-t-il avoir tous ses
papiers en règle, et l'homme aucun? Ne serait-ce pas
que ce dernier, vagabond entre ciel et terre, risque de
souffrir plus que le premier, installé dans le confort de
l'Absolu?

*

Que chercher parmi les mortels, lorsque tu joues de
l'orgue et eux du pipeau?

*

La flûte porte mes regrets vers toutes les femmes que
j'avais inventées dans le soupçon nostalgique d'autres
mondes. Et c'est toujours elle qui me fait découvrir une
existence qui se brise contre tous les instants...

*

Je voudrais mourir, mais je n'ai plus de *place* à cause
de tant de mort.

*

Lorsqu'on abuse de la tristesse, d'homme on se retrouve
poète. — Comment n'être ni l'un ni l'autre? En parlant
de la mort *en prose*.

*

Surpris en plein jour par la terreur délicieuse du
vertige, à qui l'attribuer : à l'estomac ou au ciel? Ou à

l'anémie, sise entre les deux, à mi-chemin de la déficience?

On est triste lorsqu'on manque de distance à son
propre sang : de là émane le parfum métaphysique du
Rien.

*

Le poids d'une vérité se mesure exclusivement à la
souffrance qu'elle cache. Souffrir pour une idée, voilà le
seul critère de sa vitalité.

« Les valeurs » vivent du tourment d'où elles sont
nées ; une fois celui-ci épuisé, elles perdent leur efficacité,
se changeant en formes vides, objets d'étude, présentes
en tant que passées. Ce qui n'est pas souffrance devient
irrémédiablement histoire. Nouvelle preuve que la vie
n'atteint son actualité suprême que dans la douleur.

*

L'horizon funèbre des couleurs, des sons et des pensées
nous plonge dans un infini quotidien. Sa lumière solennelle, remplie de l'immensité de la fin, donne une gravité
incurable à tout ce qui est superficiel, au point qu'un
simple clignement d'yeux devient un reflet de l'Absolu.
Et ce n'est pas nous qui ouvrons nos regards vers le
monde, mais lui qui s'ouvre à nos regards.

*

La nostalgie de la mort élève l'univers entier au rang
de la musique.

*

Jésus a été trop peu poète pour connaître la volupté
de la mort. Mais il y a des préludes d'orgue qui nous

173

montrent que Dieu n'est pas si étranger à la mort, comme nous étions enclins à le croire; et des fugues qui ne traduisent que l'empressement de cette volupté.

Certains musiciens – comme Chopin – n'ont de lien avec la mort que par la mélancolie. Mais a-t-on besoin d'une médiation, lorsqu'on est à l'intérieur de la mort? Alors la mélancolie est plutôt le sentiment que la mort nous inspire pour nous attacher à la vie par des regrets...

*

Le prestige du mystère délicat de l'Orient dérive de l'approfondissement de deux choses auxquelles nous ne participons que littérairement : les fleurs et le renoncement.

Les Européens n'en ont pas importé des graines que pour le monde d'ici-bas, mais aussi pour l'autre monde.

*

Rien n'est moins français que la féerie. Un peuple intelligent, ironique et lucide, ne peut pas se permettre de confondre la vie et le paradis, pas même lorsque l'usage légitime de l'illusion trompeuse le demande.

La féerie est le remède le plus consolateur contre le péché. Ne fut-elle pas inventée par les peuples nordiques pour échapper à son goût amer? Et n'est-elle pas une forme d'utopie faite d'éléments religieux, mais contre la religion? (paradoxe définissant toute utopie).

Traduisant dans les approximations de l'immanence la nostalgie du paradis, la féerie ne peut être goûtée par ceux qui ignorent cette nostalgie.

A l'instant où les yeux se fixent subitement et violemment vers le ciel, tous les rochers des montagnes n'arriveraient pas à les écraser...

*

Il y a tant d'onomatopées chez Wagner! La nature étant le cœur.

*

La mer reflète mieux notre paresse que le ciel. Comme il est agréable de se laisser flatter par ses étendues!

Rien n'est plus pénible que l'infini pour un travailleur. Pour un paresseux, c'est la seule consolation.

Si le monde avait des limites, comment pourrais-je me consoler de ne pas en être le primat?

*

Les introspections sont des exercices provisoires pour un nécrologue.

*

« Le cœur » devient le symbole de l'univers, en mystique et dans le malheur. Sa fréquence dans le vocabulaire d'un être indique jusqu'où il peut se dispenser du monde. Lorsque tout te blesse, les blessures prennent la place de ce tout. Et ainsi les blessures du cœur remplacent le ciel et la terre.

CHAPITRE X

La solitude fait de toi un Christophe Colomb qui naviguerait vers le continent de son propre cœur.

Combien de mâts se hissent dans le sang lorsque seules les mers vous lient au monde! A chaque instant, je m'embarquerais vers les couchers de soleil du Temps.

*

Un sourire inépuisable dans l'espace d'une larme...

*

Ma paresse monte jusqu'au ciel. Et je passe des vacances éternelles à l'abri de la paupière divine...

Dieu pèse-t-il autant que la mer? Mais pourquoi, lorsque je suis battu par les vagues, la théologie me semble-t-elle une science des apparences?

*

La mer – vaste encyclopédie de l'anéantissement – est plus étendue que le ciel – pauvre manuel de l'Absolu.

*

Les pensées dangereuses sont précédées d'une faiblesse physique : discrétion du corps devant tout ce qui nie le monde.

*

La philosophie n'ayant pas d'organe pour les beautés de la mort, nous nous sommes tous dirigés vers la poésie...

*

Dieu n'a pas eu besoin de nous envoyer des bourreaux – il y a tant de nuits sans larmes... A l'aube de la vie tremblent les ombres de la mort. La lumière – n'est-elle pas une hallucination de la nuit?

*

Entre moi et les gens s'interposent les mers où j'ai sombré en pensée. De même, entre moi et Dieu, les cieux sous lesquels je ne suis pas mort.

*

Il y a tant de gaspillage d'âme dans les parfums, que les fleurs semblent impatientes de rendre leur esprit au Paradis. Et lorsque tous en auront perdu l'image, ils la reconstitueront en s'assoupissant au cœur d'un parfum, ou en apaisant leurs sens dans un regard agrandi par la mélancolie.

Une fois qu'Adam eut détruit le sens du bonheur, le Paradis s'est caché dans les yeux d'Ève.

*

Tout ce qui ne prend pas sa source dans la fraîcheur de la tristesse est de seconde main. Qui sait si nous ne pensons pas à la mort pour sauver l'honneur de la vie!

*

Le XVIIIe siècle français n'a dit aucune banalité. La France a d'ailleurs toujours considéré la bêtise comme un vice, l'absence d'esprit comme une immoralité. Un pays où l'on ne peut croire en rien, et qui ne soit pas *nihiliste!...* Les salons furent des jardins de doutes. Et les femmes, malades d'intelligence, soupiraient en des baisers sceptiques... Qui comprendra le paradoxe de ce peuple qui, abusant de la lucidité, ne fut jamais lassé de l'amour? Du désert de l'amertume et de la logique, quels chemins aura-t-il trouvés vers l'érotisme? Et, naïf, par quoi fut-il poussé vers le manque de naïveté? A-t-il jamais existé en France un enfant?

*

En musique, les Français n'ont pas créé grand-chose, parce qu'ils ont trop aimé la perfection en ce monde. Or, en fin de compte, l'intelligence est la ruine de l'infini, et donc de la musique...

*

Il est des regards qui semblent destinés à nous consoler de toutes les mélodies que nous n'avons pas entendues...

*

Lorsque nous voulons revenir en Dieu, la lumière entre nous et lui se glace. L'homme souffre d'un printemps de l'obscurité.

*

Dans la tristesse tout devient âme.

*

Le ciel, passant à la tombée du soir du bleu au grisâtre, illustre en grand le deuil incomplet de l'esprit. La folie est une tonalité grisâtre de la raison.

*

Pour être heureux dans la solitude, il faut la préoccupation constante d'une obsession ou d'une maladie. Mais lorsque l'ennui dilate les sens dans le vide et que l'esprit quitte le monde, l'isolement devient pesant et fade – et les jours semblent absurdes comme un cercueil pendu à un cerisier en fleurs.

*

L'ennui est la sensation maladivement claire du *temps* qui nous attend, où il faut vivre et dont on ne sait que faire. Tu essaies vainement de te tromper, mais le soleil le dilate, la nuit l'épaissit et l'agrandit, et il s'étale comme une huile qui ternit le brillant de ta peur.

*

D'où les instants tiennent-ils tant de poids? Comment se fait-il qu'ils ne s'endorment pas au contact de notre fatigue? Quand Dieu enlèvera-t-il le temps à l'homme?

*

Si l'on a été, une seule fois, triste sans raison, on le fut toute sa vie sans le savoir.

*

C'est étrange comme nous cherchons à oublier par l'amour ce que tous les bleus du ciel et toutes les mythologies de l'âme ne peuvent nous faire oublier. Mais les bras d'une femme ne peuvent pas nous cacher la vérité, bien qu'ils nous tiennent plus chaud que les lumières lointaines de Dieu.

Aucun monde n'offre pleinement les tromperies de la vie, seule la peur de s'en réveiller donne ce pouvoir tour à tour à l'un ou à l'autre.

*

Je vis toutes les choses qui sont – et me suis retiré aux frontières du cœur...

*

Dans les pleurs des heures tardives, il me semble entendre les êtres que j'ai tués en rêve...

*

On ne trouve plus de repos sur la terre que dans les yeux qui ne l'ont pas vue. Je me voudrais embaumé de tous les regards vides du monde.

Au-dessus de chaque pensée s'élève la voûte d'un ciel.

*

Dieu est l'héritier de tous ceux qui sont morts en Lui. Ainsi, l'on se sépare aisément de soi-même et du monde, en le laissant poursuivre le fil de tant de tristesses et d'abandons.

*

Il est possible que les hommes n'aient pas été chassés du Paradis, il est possible qu'ils aient toujours été *ici*.

Ce soupçon, qui a sa source dans la connaissance, me les fait fuir. Comment respirer à l'ombre d'un être qui ne souffre pas des souvenirs célestes?

On arrive ainsi à calmer sa tristesse ailleurs et oublier avec dégoût d'où vient l'homme.

*

Chaque instant me semble une répétition du Jugement dernier, chaque endroit dans le monde une marge du monde.

*

Celui qui ne connaît pas la tentation est un raté. C'est par elle qu'on vit; c'est par elle qu'on se trouve à l'intérieur de la vie.

Lorsqu'on en a fini avec le monde, les tentations célestes nous enchaînent, comme une preuve de la dernière réserve de vitalité. Avec Dieu, nous manquons le ratage inscrit dans l'excès d'amertumes.

Et lorsque celles-ci ont asséché nos sens, une sensualité du cœur remplace, subtilement, l'agitation aveugle du sang. Le ciel est une épine dans l'instinct; l'absolu une pâleur de la chair.

*

La vie me semble si étrange depuis que je ne lui appartiens plus!

*

Des années de souffrance, des pensées liées au ciel et à la terre passent, sans qu'on s'interroge sur le but de ce vide dénommé *air* et qui s'interpose si vaguement entre ces deux réalités apparentes. Tout d'un coup, dans

182

un après-midi lourd d'ennui et d'éternité, son immensité impalpable se révèle, irrésistible et torpide. Et l'on s'étonne alors d'avoir cherché des étendues pour se noyer, quand le ciel, vaste espace diaphane, nous appelle au déchirement et à la perdition.

*

Ma cosmogonie ajoute au néant initial une infinité de points de suspension...

*

Tant que les hommes ne renonceront pas aux charmes trompeurs de l'avenir, l'histoire continuera d'être un harcèlement difficile à comprendre. Mais pouvons-nous espérer qu'ils tourneront de nouveau les yeux vers l'éternité de la non-attente, chacun faisant de son destin comme un puits artésien? Sauront-ils parvenir à un devenir vertical? Et le fleuve du processus universel, fera-t-il jaillir ses gouttes vers les hauteurs, convertissant son cours vainement horizontal dans l'atteinte vaine du ciel?

Quand l'humanité retombera-t-elle en elle-même, à l'instar de ces fontaines? Quand donnera-t-elle un autre cours à ses illusions trompeuses?

Si la vie se prolongeait comme si de rien n'était! Mais les hommes – en se multipliant – continuent d'invoquer l'excuse de l'avenir.

*

S'il faut choisir entre les erreurs, Dieu reste quand même la plus consolante, celle qui survivra à toutes les vérités. Car elle a pris forme au point où l'amertume devient éternité, tout comme la vie – erreur passagère – naquit au croisement de la nostalgie et du temps.

*

Pourquoi, lorsque la fatigue s'approfondit jusqu'au rêve, je comprends les plantes mieux que les hommes? Pourquoi les fleurs ne s'ouvrent-elles que la nuit? Et pourquoi aucun arbre ne pousse-t-il dans le temps?

Serais-je passé avec la nature du côté de l'éternité?

*

La mélancolie est la limite de poésie que nous pouvons atteindre à *l'intérieur* du monde. Elle ne contribue pas seulement à notre élévation, mais aussi à celle de l'existence elle-même. Car celle-ci s'ennoblit doucement jusqu'à l'irréalité, devenant *davantage* en s'approchant d'un état de rêve.

L'irréalité est un excédent ontologique de la réalité.

*

Seuls les êtres qui n'appartiennent plus au monde reconnaissent l'existence. Ces femmes qui n'ont pas manqué l'occasion secrète de mourir chaque jour de mélancolie... Comme si l'on n'avait jamais aimé que Lucile de Chateaubriand...

Il me semble parfois que je découvrirais facilement tous les secrets du monde, sauf celui du déracinement du monde.

La noblesse de l'âme vient de l'inadaptation à la vie. Comme nos affections grandissent auprès des cœurs blessés!

*

D'où partirait la sensation de l'amoncellement infini du temps, de cette invasion de la vieillesse au milieu de la jeunesse et de ses illusions? Par quel douloureux secret devient-on un Atlas du temps à l'âge des illusions?

Rien de ce que tu as vécu inconsciemment ne te pèse; les instants sont morts *vivants* en toi, et il n'en est resté que des cadavres sur le chemin des espoirs et des erreurs.

Mais tout ce que tu as *su*, toute la lucidité inhérente au temps, forment un poids sous lequel les élans s'étouffent.

La vieillesse prématurée, l'infinie fatigue sur des joues encore vermeilles, résultent de tous les moments qui ont monstrueusement accumulé l'écoulement du temps à la surface de la conscience.

Je suis vieux par tout ce qui n'est pas *oubli* dans mon passé, par tous les instants que j'ai soustraits à l'ignorance parfaite de la temporalité, que j'ai contraints d'être seuls avec moi et moi seul avec eux.

Dans ma tête se brisent les blasphèmes du devenir, dont l'inconscience ne permet plus le viol cruel de la lucidité, et que le temps se venge d'avoir sorti de son ornière.

Mon Dieu, à quand un nouveau déluge? Quant à l'arche, tu peux envoyer autant de navires que tu veux, je ne serai pas un descendant de la lâcheté de Noé!

*

Les êtres surmenés par leur propre présence ressentent intensément le désir de mourir. En te plaçant au centre de ton obsession, saturé de ton moi, tu as besoin de lui échapper. Ainsi, les élans descendants de la mort défont les compositions de l'individuation.

*

Le malheur des gens est qu'ils ne peuvent regarder vers le ciel que de travers.

185

Si les yeux se tournaient perpendiculairement aux cieux, l'histoire aurait pris un autre visage.

*

La maladie? Une qualité transcendante du corps.
Quant à l'âme, elle est *malade,* par le simple fait qu'elle *est.*
La pathologie s'occupe des invasions psychiques dans les tissus.

*

Des nuages qui pensent, et qui semblent tout aussi étrangers à la terre qu'au ciel... Ruysdael.
Tout est possible dès l'instant où tu as lâché les rênes du temps.

*

Sers-toi de la raison tant qu'il est encore temps.

*

Il y a tant de brouillard dans le cœur de l'homme, que les rayons de n'importe quel soleil, une fois entrés, n'en reviennent plus. Et il y a tant de vide dans ses sens dissipés, qu'on y voit errer des colombes folles, les ailes déchirées par les vents, sur les chemins qui le rapprochaient du monde.

*

De quelles couches du non-être le spleen des jours vient-il, pour pouvoir nous dégriser jusqu'à la terreur de l'assoupissement de l'être?
Arriverons-nous un jour jusqu'aux sources de l'ennui?

Déchiffrerons-nous la démence languissante de la chair et le malheur d'un sang brouillé?

Comme s'effrite la substance de la vie, dans ce mystère plaintif, comme l'ennui omniprésent sait tarir les fontaines de l'existence, parodiant négativement le principe divin! L'ennui est aussi vaste que Dieu – et plus actif que Lui!

*

Sans Dieu, la solitude serait un hurlement ou une désolation pétrifiée. Mais, avec Lui, la noblesse du silence apaise notre hébétude devant les choses inconsolées. Après avoir tout perdu, nous retrouvons notre équilibre en éternisant notre rêverie dans Ses allées défeuillées.

Seule la pensée de Dieu me tient encore debout. Lorsque j'anéantirai ma fierté, pourrai-je me coucher dans son berceau miséricordieusement profond, et endormir mes insomnies, consolées tant qu'Il veille?

Au-delà de Dieu ne nous reste que le désir de Lui.

Toute fatigue cache une nostalgie de Dieu.

*

Comment peuvent discuter ensemble deux hommes dont les souffrances ne sont pas à égale distance de Dieu? Que se disent deux êtres chez qui la mort n'est pas élevée au même niveau? Que lisent-ils dans leurs regards lorsque chacun reflète un autre ciel?

*

Nous ne connaissons les autres que pour rester plus seuls avec Dieu.

*

Un architecte exilé de la terre pourrait construire, de nos amertumes, un monastère au ciel.

*

Le manque d'orgueil vaut autant que l'éternité.

*

La malchance des hommes qui se sont cherchés toute leur vie est de ne jamais se retrouver, pas même en Dieu. − L'humilité vaste et apaisée est le seul moyen de transformer la fatigue d'être en vertu.

Qui veut ne plus *être,* exprime *négativement* une aspiration à tout. Désirer le néant satisfait décemment un goût secret et trouble pour la divinisation. On ne s'anéantit en Dieu que pour être Lui-même. − Les voies mystiques passent par les secrets les plus douloureux de la fierté de la créature.

*

Pourquoi dans l'illumination incurable de la mort, je me sens moins seul qu'au sein de la vie? Il y a un désastre si implacable dans la conscience qu'on va mourir, qu'il console de l'absence des hommes et des vérités.

Les accords de l'orgue et la nostalgie de la mort mêlent l'éternité au temps jusqu'à la promiscuité. Tant d'absolu égaré en devenirs, et une âme chétive pour porter tant de ciel et de terre!

*

On meurt de l'essentiel, lorsqu'on se détache de tout.

*

Dieu? Le néant hypostasié en consolateur. – Un souffle positif dans le Rien, mais pour lequel ou voudrait saigner comme un martyr... dispensé de la mort.

Il se peut que l'ultime secret de l'histoire humaine ne soit autre que la mort en Dieu et pour Dieu. Nous nous éteignons tous dans ses bras, les athées en tête.

*

La sensation étrange que toutes mes pensées se sont enfuies en Dieu, qu'il me garde l'esprit lorsque je l'ai perdu.

Ou que, égaré à l'intérieur de Lui, une soif d'apparences m'empêche de respirer.

L'incompatibilité entre Dieu et la vie constitue le drame le plus cruel de la solitude.

*

Mon Dieu! Il n'y a que Toi qui me restes! Toi – vestige du monde, et moi, de moi-même. Écume de mes abandons, je voudrais en toi mettre fin à mon esprit et en finir avec les troubles vains. Tu es le tombeau dont on rêve aux heures défavorables à l'être et le berceau suprême des immenses fatigues.

Répands des odeurs soporifiques sur mes révoltes irréfléchies, absorbe-moi en toi, tue mon élan vers les aubes et les appels, noie la folle élévation de ma pensée et rase mes sommets illuminés par ta proximité! Étends tes ombres, couvre-moi d'obscurités hostiles, je ne te demande pas la grâce divine des instants miséricordieux, mais le flétrissement éternel et âpre, et la générosité de ta nuit.

Fauche mes espoirs, afin que, désert en toi, absent à moi-même, je n'aie plus de contrées dans tes étendues!

*

Après avoir lu les philosophes, on se retourne vers les enfantillages absolus de l'esprit, murmurant une prière pour s'abriter en elle.

C'est comme si un dernier reste de la substance pure de la nuit, celle que Dieu a contemplée de ses yeux pour la première fois, finissait en toi...

*

Il est de ces nuits blanches qui durent si longtemps, qu'après elles le temps n'est plus possible...

Celui qui, dans son agitation, accumule les éléments douloureux du monde, ne connaît plus en rien de début ni de fin. *N'importe quoi* devient éternel. Le non-accomplissement dans la souffrance des choses atteint la qualité de l'éternité.

*

Lorsqu'on n'a jamais été de plain-pied avec la vie : tantôt en excès, en dépassant ses limites, tantôt par défaut, en se traînant au-dessous d'elle. A l'instar de ces rivières qui n'ont pas de lit : elles se déversent ou tarissent.

Ancré dans le plus ou dans le moins, on est prédestiné au malheur, comme tout être arraché de la ligne de l'existence. *Être* est un obstacle pour l'infini du cœur.

*

Qu'il est mystérieux, ce phénomène par lequel un homme croît au-dessus de lui-même! En se réveillant, il ne voit plus personne autour de lui. Il dirige ses regards vers le ciel, la hauteur la plus proche. En matière

190

de solitude, l'homme n'a plus à apprendre que du Très-
Haut.

*

L'esprit fleurit sur les ruines de la vie.

*

On dit : un tel connaît Spinoza, ou Kant, etc. Mais
je n'ai entendu personne dire : celui-là *connaît* Dieu. Et
pourtant, cela seul peut intéresser.

*

Lorsque, la nuit, ton esprit s'ouvre à une vérité,
l'obscurité devient légère comme l'espace diaphane d'une
évidence.

*

La maladie accorde à la vie, avec la puissance de
l'inévitable et le prestige de la fatalité, une dimension
vers l'illimité, qui alourdit douloureusement et noble-
ment le rythme de l'être. Tout ce qui est profond vient
de la proximité de la mort.

Et lorsqu'on n'est pas malade de ses maladies, mais
de la présence d'autres mondes dans le principe de son
existence... Une fatigue divine semble descendre au cœur
de l'être... la moelle de la vie comme surmenée par le
ciel...

*

La terreur est une mémoire du futur.

*

Ces tressaillements de méchanceté funèbre lorsqu'on voudrait tuer l'air... et qu'un sourire fait trembler, comme les mains des morts dans les cauchemars.

Vivre n'est pas une noblesse. Mais s'envelopper dans un nimbe d'anéantissements...

*

C'est en vain qu'on court après l'existence et la vérité. Tout est néant, une ronde d'hallucinations sans rythme. Ce qui fait qu'une chose est, c'est notre état de fièvre, et la vivacité de nos ardeurs projette des vérités sur un monde d'absences. Le souffle de la substance qui transforme en réalité le non-être du monde émane de nos intensités. Si nous étions plus froids ou plus calmes, rien ne serait. Les feux intérieurs soutiennent la solidité apparente du monde, animent le décor vide et sont les véritables architectes de la vie. Le monde est une prolongation extérieure de notre flamme.

*

Dieu pardonnerait-il à l'homme d'avoir poussé si loin son humanité? Comprendra-t-il que ne plus être homme est le phénomène central de l'expérience humaine?

*

Exister — c'est-à-dire colorer affectivement chaque instant. Par des nuances de sentiments, nous concédons une réalité au rien. Sans les dépenses de l'âme, nous vivrions dans un univers blanc : car les « objets » ne sont que les illusions matérielles d'excès intérieurs.

192

*

Le dernier degré de notre perte du printemps : Dieu.

*

L'esprit étant un manque *positif* de la vitalité, les idées qui surgissent de lui sont, par compensation, gravides.

*

Moins les désirs sont spécialisés, plus vite nous réalisons l'infini par *les sens*. Le vague dans les instincts dirige irrévocablement vers l'absolu.

*

La suggestion de l'infini mélodique de la mélancolie naît du souvenir du temps où nous n'étions pas et du pressentiment du temps où nous ne serons plus.

*

Le cœur n'est pas forgé selon la petitesse du monde. Saurais-je le suivre vers le ciel? Ou l'utiliserai-je seulement comme une glissade vers la mort?

Une fois purifié du temps, on n'est plus ouvert qu'aux souffles divins.

*

Ce délire secret et immense par lequel on maintient *en vie* un univers voué à la dissolution, l'impulsion douloureuse et irrésistible insufflant espoir et mouvement à la terre et aux créatures, renforçant les faiblesses de la chair et déviant l'esprit de la passion du rien —

quelles sèves secrètes le poussent au milieu du monde et de sa désolation pour refaire l'édifice cosmique et la gloire de la pensée?

La création n'est-elle pas l'ultime réaction devant la ruine et l'irrémédiable? L'esprit ne ressuscite-il pas à proximité du dénouement et des impasses du destin? – Autrement, pourquoi *la chute* ne vient-elle pas, pourquoi restons-nous debout lorsque tout est devenu *un* par la monotonie du dégoût et du rien?

*

A souffrir fortement des inaccomplissements de la vie, on ressemble au naufragé qui fuirait le rivage : on en arrive à ne chercher que les vagues et la nage sur l'étendue infinie des ondes.

CHAPITRE XI

La mélancolie : le temps devenu affectivité.

*

Je voudrais vivre dans un monde de fleurs blessées par le soleil et qui, le visage tourné vers la terre, ouvriraient leurs pétales dans la direction contraire à la lumière.

La nature est une tombe, et les rayons du soleil nous empêchent de nous y allonger. En nous déviant de la substance de la mort, ils nous plongent dans la crise de l'inessentiel. Dans la lumière, nous sommes notre apparence : dans l'obscurité, nous sommes le maximum de nous-mêmes, et à cause de cela nous ne sommes plus.

*

L'ennui : tautologie cosmique.

*

Qui n'a jamais écouté l'orgue ne comprend pas comment l'éternité peut *évoluer*.

*

Si tout ce que j'avais en vain offert aux hommes, je l'avais dépensé en Dieu, comme je serais loin maintenant !

*

Que la vie ne reçoive une qualité d'existence que par nos intensités, n'est-ce pas la preuve la plus sûre du vide du monde lorsque l'amour est absent? Sans les tentations érotiques, le rien est l'obstacle de chaque instant. Mais les contours fragiles de l'amour obligent le monde *à être* et ses passions mettent une sourdine au néant.

L'absence d'amour correspond à un défaut d'existence, et le silence de l'éros purifie l'univers du naturel. L'ennui n'est-il pas une vacance de l'amour, une pause dans son indispensable illusion démiurgique? Et ne nous ennuyons-nous pas en raison d'une insuffisance de délire? Celui-ci introduit une note d'être dans la monotonie du rien. L'univers jaillit des dernières vibrations de l'âme, l'envol des pensées passionnées le recrée sans cesse.

Au cœur de l'ennui, *nous savons* que l'existence n'a pas eu la chance d'être; dans ses intermittences, nous oublions tout et *nous sommes.*

*

Portant avec un douloureux effort le fardeau de leur propre être, tes semblables sont plus fatigués de toi que toi-même.

*

A un certain degré de détachement du monde, les hommes n'existent que par l'excès de la mémoire, et soi-même par les vestiges de l'égoïsme.

*

Comment regardent-ils le ciel, ceux qui n'ont pas de regrets?

*

Pour aimer, il faut oublier que nos semblables sont des créatures; la lucidité ne rapproche que de Dieu et du néant. Sont heureux seulement ceux pour qui l'amour est un tout qui ne leur dévoile rien, ceux qui aiment dans un frisson d'ignorance et de perfection.

Vu de l'horizon du monde, Dieu est tout aussi loin que le néant.

*

Cet envahissement vaste et accablant de certains matins, quand il nous semble nous réveiller avec le savoir des secrets ultimes, avec la fièvre épuisante de la connaissance et de la vision finale — ou ces nuits, diluées dans un violet vacillant, qui s'offrent à nous languissantes et parfaites comme des jardins de l'esprit...

Qui aurait les mots pour dire *l'impossibilité de ne pas tout savoir?* Et combien d'instants de bonheur déchirant pour la connaissance compte-t-on dans la vie? Aucun voile ne cache plus aucune chose. — Mais revenons aux secrets, pour pouvoir respirer...

Pourquoi les après-midi ont-ils plus d'objectivité que la tombée des nuits? Pourquoi le crépuscule est-il intérieur, pourquoi le trop-plein de lumière reste-t-il en dehors de nous, en lui-même?

... L'évocation de la fin représente un progrès dans la subjectivité. La vie *comme telle* ne se passe pas dans le cœur : mais uniquement la mort. C'est pour cela qu'elle est le phénomène le plus subjectif — quoique plus universel que la vie.

Si j'avais davantage de constance en Dieu! Quels restes de vie me retiennent encore en Lui en tant que moi? Si je pouvais m'absenter en Son *sein!*

Le crépuscule des pensées

*

Les nuages blancs et immobiles qui recouvrent le ciel de la folie... En regardant souvent l'absence de nuances sombres, le gris clair des hauteurs, il semble que l'on ait projeté sur les voûtes célestes les ombres croupies du cerveau et les pâleurs de l'esprit.

*

Les abîmes de l'homme n'ont pas de fond parce qu'ils descendent en Dieu.

*

C'est Dieu qui nous regarde à travers toute larme.

*

Mon Dieu! Par quoi ai-je mérité le bonheur surnaturel de cet instant où je me suis fondu dans les cieux? Verse sur ma tête des douleurs encore plus grandes, si elles ont une telle récompense! Ai-je perdu ma trace parmi les anges? Fais que je ne me rencontre plus jamais avec moi-même! Aide-moi à noyer mon esprit dans le paradis des sens, rendus fous par le ciel!

*

L'homme n'a pas le droit de se croire perdu tant que le désespoir lui offre encore la destruction voluptueuse en Dieu.

*

Une fois que les désirs deviennent évanescents, on arrive à vivre par le consentement donné à chaque instant. Contraint de s'accorder l'existence à soi-même, on agrandit l'espace entre soi et le monde dans la répétition incessante de l'effort.

La vigilance de l'esprit étouffe la décision d'être du temps devenu fou. L'éventail du temps ne nous engloutirait-il pas si nous ne l'apaisions dans l'effort de consentir à la nature?

Les autres êtres *vivent*; l'homme *fait des efforts* pour vivre. C'est comme si l'on se regardait dans la glace avant chaque action. L'homme est un animal qui *se voit vivre*.

*

L'idée est une sorte de mélodie qui a fait fortune.

*

La pensée projette le néant comme une consolation suprême, sous la pression d'un orgueil infini blessé. En voulant être le tout, et le tout s'y opposant, que ferait-on sans la dimension absolue de l'absence?

Les affres de la fierté démesurée volatilisent la nature et auréolent le néant du prestige de la grandeur, où la passion de l'orgueil s'apaise. Le non-être est une splendeur funèbre qui éteint nos jalousies divines. L'évocation du néant satisfait notre goût pour l'Absolu subjectif, tout comme la grâce de la mort exauce celui de l'harmonie dans le désastre.

*

Quand parviendrai-je à m'habituer à moi-même? Tous les chemins mènent à cette Rome intérieure et inaccessible – l'homme est une ruine *invincible*. Qui aurait déversé tant d'enthousiasme dans ses déceptions?

*

Vivre au *sens ultime :* devenir un saint de sa propre solitude.

Ensorcelé dans ton isolement, tu entends que les heures se sont arrêtées et que l'Éternité commence à battre. Et Dieu sonne les cloches vers ton ciel...

*

La solitude est l'aphrodisiaque de l'esprit, comme la conversation celui de l'intelligence.

*

Il y a tant de façons de mourir dans la musique intérieure, que je ne trouverai plus ma fin... On n'est cadavre que dans l'absence de sonorités intérieures. Mais lorsque les sens vibrent sous elles, l'empire du cœur dépasse celui de l'être, et l'univers devient fonction d'un accord intérieur, et Dieu la prolongation infinie d'une tonalité.

Lorsque au milieu d'une sonate, on maîtrise difficilement un « Mon Dieu! si ça ne finissait plus! », une folie sonore vous aspire vers l'état divin. – Que je m'exile *là,* avec toute la musique...

*

L'homme est si seul que le désespoir lui semble un nid et la terreur un abri.

En vain cherche-t-il un sentier dans la broussaille de l'être, il reste affligé, le visage tourné vers les impasses de son propre esprit. Car en lui, la lumière ne fut pas séparée des ténèbres. Par ce qui couronne la Création, l'esprit, l'homme appartient aux débuts du monde.

Rien ne dépoussiéra sa conscience des nuits du temps.

La noblesse de son sort ne grandit-elle pas dans cette hérédité nocturne?

L'homme a de son côté trop de nuits...

*

Chaque fois que m'enlacent les sortilèges de l'ennui, je tourne les yeux vers le ciel. Et je sais alors que je vais mourir un jour de spleen, en plein jour, sous l'œil du soleil ou des nuages...

« ... S'il est possible, éloigne de moi cette coupe. » La coupe de l'ennui...

Je voudrais crier moi aussi « Père »; mais vers qui, quand l'Ennui est lui-même une divinité?

Pourquoi a-t-il fallu que j'ouvre les yeux sur le monde pour le découvrir comme un Gethsémani de l'Ennui?

*

La terre est trop stérile pour offrir les poisons impitoyables et languissants qui me libéreraient de cette occupation qu'est l'existence... Que des dissolutions célestes émanent des arômes enivrants du Rien, que des hauteurs tombent des flocons anesthésiants sur des blessures qui ne se referment plus... Ou que des pluies d'au-delà le monde, des pluies venimeuses, ruissellent à travers un azur dément sur l'étendue malade de l'esprit...

Mon Dieu! Je ne dis pas que tu n'es pas; je dis que moi je ne suis plus.

*

Si le néant donnait seulement un goût pervers de l'absolu; mais en te donnant un douloureux complexe de supériorité – il te fait regarder en bas, vers l'être, et te consoler de la nostalgie par le mépris.

*

Du « moi », ne devraient parler que Shakespeare ou Dieu.

*

Entre deux êtres qui se trouvent au même degré de lucidité, l'amour n'est pas possible. Pour que la rencontre soit « heureuse », il faut que l'un d'entre eux connaisse de plus près les délices de l'inconscience. Un même éloignement de la nature les rend également sensibles à ses ruses; d'où une gêne à l'égard des équivoques de l'éros, et surtout une réserve dans cette inévitable complicité. Lorsque les tromperies de l'existence n'ont plus rien d'imperméable à nos yeux, il est bon que la femme soit près de l'état d'innocence. L'amour ne peut pas se *consommer* entre deux absences d'illusions : l'un des deux au moins doit *ne pas savoir*. L'autre, victime des lucidités de l'esprit, surveille la volupté de ce prochain *identique,* et s'oublie lui-même par contamination.

Le renversement chaotique des sens, avec l'extase implicite et superficielle, ressemble à une concession pénible, où les secrets de la vie sont transparents pour l'homme et la femme. Ils semblent s'accorder pour ne pas déroger à la vigilance de l'esprit, mais ne réussissent qu'à contempler leur oubli et diminuer par la pensée le charme de la dissolution à deux. Ainsi la lucidité introduit une note crépusculaire dans les soupirs de cet absolu à bon marché.

*

Ni les désillusions, ni la haine, ni l'orgueil ne nous dispensent des hommes au même degré que les forces de l'âme, qui se rendent maîtresses de nous avec la

202

violence d'une subite révélation. Que pourrait-on dire alors à quelqu'un, et pourquoi le lui dire, lorsque le frémissement intérieur est comme un fleuve qui coulerait tout d'un coup vers le haut?

Les vagues d'un bonheur vertigineux nous projettent hors des hommes, en multipliant notre identité, et effacent les sourires destinés aux femmes ou aux amis. Le moi se perd dans son infini, la vie s'amplifie en intensités qui la font hésiter entre plusieurs mondes. De tout ce que tu fus, il ne reste qu'un souffle pathétique.

L'infini de la nuit semble une borne à l'horizon de cette dilatation, et l'on désire l'extinction comme une limite, l'agonie comme un terme. Qui aurait greffé l'infini sur un pauvre cœur?

*

Les hommes manquant de poésie, où jeter l'ancre ailleurs que dans la mort? Quel prestige l'imminence du non-être ne projette-t-elle pas sur le paysage fade et pâlot de l'être?

Le désir de se noyer, de s'élever au ciel en se balançant au bout d'une corde, ou de mettre tumultueusement fin à sa vie, part d'un degré sublime de l'ennui – flûte au fond de l'enfer.

Tirer des instants un chant de perdition, inventer, dans le spleen du temps, des venins transcendants, éparpiller ses démons dans le sang et dans le devenir...

Le but métaphysique du temps est de nous décharger du fardeau de l'individuation. *Être* est une entreprise difficile parce que nous *montons* vers le non-être : un vide qui s'élance vers une suprême dégradation de l'existence.

Le temps est une *montée* vers le non-être.

*

Par tous les sens, j'aspire aux délices de la fin... Quel désir de secrets accomplissements me pousse vers elle?

Comment ne pas découvrir la grandeur de la mort après avoir été trahi par la vie!...

*

Celui qui a vu à travers les hommes et à travers lui-même, devrait, de dégoût, bâtir une forteresse au fond des mers.

*

On ne rencontre le malheur que dans un tempérament essentiellement contradictoire.

*

Celui qui est fatigué de lui-même fatigue ses semblables, qui tout autant le fatiguent.

*

Les déceptions réitérées supposent des ambitions inhumaines. Les hommes vraiment tristes sont ceux qui, ne pouvant tout renverser, se sont acceptés comme ruines de leurs idéaux.

*

Le temps est la croix sur laquelle l'ennui nous crucifie.

*

Dans l'envahissement des sortilèges et dans les souffles d'extase qui éparpillent mes désirs vers l'illimité, le dégoût de moi-même est mon seul barrage.

Que faire avec *tant de moi?*

*

Bach est un décadent mais dans *le sens céleste*. C'est seulement ainsi que s'explique la décomposition solennelle qu'on ressent inévitablement chaque fois qu'on rencontre le monde qu'il a créé.

*

Au fur et à mesure que l'ennui épaissit le temps, il amincit les choses en qualités transparentes. La matière ne résiste pas à cette impitoyable défiguration.

S'ennuyer signifie voir à travers les objets, volatiliser la nature. Même les rochers se dissolvent en fumée lorsque ce mal qu'est la lucidité s'attaque à eux.

*

Je ne me connais pas de sensation que je n'aie enterrée dans la pensée. (L'esprit est le tombeau de la nature.)

*

Le suicide — comme toute tentation de salut — est un acte religieux.

*

La sincérité, étant une expression de l'inadaptabilité aux équivoques essentielles de la vie, dérive d'une vitalité hésitante. Celui qui la pratique ne s'expose pas au danger, comme on le croit en général : il est déjà en danger, comme tout homme qui sépare la vérité du mensonge.

Le penchant vers la sincérité est un symptôme maladif par excellence, une *critique* de la vie. Qui n'a pas tué l'ange en lui est destiné à périr. Sans erreurs, on ne peut respirer ne serait-ce qu'un instant.

*

Les yeux éteints ne se rallument qu'au désir nostalgique de la mort; le sang ne s'enflamme que dans une hymne d'agonie.

Suis-je en train de descendre ou de monter sur les pentes de l'être?

*

Un animal qui a *vu* la vie et qui veut encore vivre : l'homme. Son drame s'épuise dans cet acharnement.

*

Dans un cœur où le rien s'est installé, l'irruption de l'amour est si ineffablement déchirante qu'elle ne trouve pas de terrain pour s'épanouir. S'il s'agissait seulement de conquérir une femme, comme ce serait facile! Mais défricher son propre néant, se rendre dans la haine péniblement maître de son âme, frayer à son amour un chemin vers soi-même! Cette guerre – qui jette avec hostilité contre soi – explique pourquoi l'on ne voudra jamais se tuer plus cruellement que dans les frissons de l'amour.

*

Chez Beethoven, il n'y a pas assez de charme langoureux, ni de fatigue...

*

La dernière subtilité du Diable : la différence entre l'enfer et le cœur.

206

*

Dans les grandes souffrances seulement, lorsqu'on est *trop près* de Dieu, on réalise combien est vain le rôle de médiateur de son Fils, et mineur le destin que cache le symbole de la Croix.

*

L'esprit doit presque tout aux souffrances physiques. Sans elles, la vie ne serait plus que de la vie.

Mais la maladie apporte quelque chose de *nouveau*. N'est-elle pas la cinquième saison?

Le Nirvana quotidien par la pensée et la douleur...

*

Lorsqu'on porte tant de musique dans un monde sans mélodie...

L'homme n'est pas un animal fait pour la vie : c'est pourquoi il dépense tant de vitalité dans le désir de mourir.

*

L'irréalité de la vie n'est nulle part plus troublante que dans les désespoirs du bonheur. D'où *l'ineffable* douloureux de l'amour.

Toute la poésie des voix intérieures se réduit à l'impossibilité de séparer le désir de vie du désir de mort.

Les espoirs sont comme des nids douillets pour les fins. Vivre et mourir : deux signes pour la même illusion.

*

Toutes les larmes qui ne furent pas pleurées se sont déversées dans mon sang. Mais moi, je n'étais pas né pour tant de mers ni pour tant d'amertume.

CHAPITRE XII

Je ne trouve pas la clé de ce fait : dans la joie inspirée, nous imitons Dieu, et dans la tristesse nous restons avec les cendres de notre propre substance.

*

Une réflexion doit avoir quelque chose du schéma intérieur d'un sonnet. L'art d'abréger les déchirements... l'intervention de l'architecture dans nos démembrements musicaux...

*

La tristesse — un infini *par faiblesse,* un ciel de déficiences...

*

La vie de l'homme se réduit aux yeux. Nous ne pouvons rien attendre d'eux, sans une réforme du regard.

*

L'amour est de la sainteté plus de la sexualité. — Rien ni personne ne peut adoucir ce paradoxe abrupt et sublime.

*

Hamlet n'a pas oublié d'énumérer l'amour parmi les « maux » qui rendent le suicide préférable à la vie. Mais il parle des « souffrances de l'amour méprisé ». – Combien plus grand serait le célèbre monologue s'il disait uniquement : l'amour!

*

Sur les bords de la mer, la sécheresse intérieure des jours déserts totalise – *dans la même soif* – le désir de bonheur et de douleur. Toujours, sur ses bords, on se dispense *religieusement* de Dieu...

*

La Méditerranée est la mer la plus calme, la plus honnête et la moins mystique. Elle s'interpose – par son *absence* de vagues – entre l'homme et l'Absolu.

*

Parce qu'elle est *seule,* la femme *est.*

*

La force d'un homme vient des inaccomplissements de sa vie. Grâce à eux, il cesse d'être *nature.*

*

La définition de l'Envoûtement passe par Wagner. Il a introduit les points de suspension en musique, l'interminable dissolvant... et la rechute sourde des motifs dans un souterrain mélodieux et indéfini. Une neurasthénie du... sang, chez un artiste qui avait projeté ses nerfs avec faste et grandeur dans la mythologie.

Et c'est pourquoi, dans l'enchantement wagnérien, des vagues lointaines pleines de crépuscule déferlent sur des fronts fatigués, et versent dans les veines assoupies des remèdes de perdition et de rêve.

*

Les coups secs et violents de la mort bariolent le paysage grammatical de l'existence, tel que le peint l'ennui par excès de système, et pour pallier l'absence de surprises, ils nous mettent aux aguets, installant le poste de garde dans notre angoisse.

*

Par ennui, en un long processus, nous pouvons jeter l'ancre en Dieu. *En soi,* il n'est qu'une *absence de religion.*

*

En pensant au style nous oublions la vie : les efforts d'expression dissimulent les difficultés de la respiration; la passion de la forme étouffe l'ardeur négative de l'amertume; le charme de la parole nous libère du fardeau de l'instant; la formule diminue les défaillances.

La seule issue pour ne pas tomber : connaître tous tes achèvements — épuiser tes poisons en esprit.

Si l'on avait laissé les chagrins à l'état de *sensations,* il y a beau temps qu'on n'existerait plus...

*

L'esprit ne sert la vie que par *l'expression :* forme par laquelle elle se défend contre son propre ennemi.

*

La fatigue des après-midi, avec la patine de l'éternité dans l'âme et le souffle du vertige au milieu d'un jardin touché par le printemps...

211

*

L'éternité est la serre où Dieu se fane depuis les commencements, et l'homme, de temps en temps, par la pensée.

*

Lorsque la vitalité ne se distingue pas des faiblesses, mais se perd en elles, cela donne la composition intérieure d'un homme contradictoire. Faire de la psychologie *sur le compte de quelqu'un* signifie même dévoiler le manque de pureté des forces qui l'agitent, le mélange bizarre et imprévu des éléments. Du point de vue théorique, nous avons peine à envisager la combinaison de barbarie et de mélancolie décadente, de vitalité et de vague, d'instinct et de raffinement. Mais, en réalité, tant de gens restent torturés par une baisse crépusculaire de la vie au sein de réflexes encore sûrs!

Ces longs désirs, qui embrassent les déroulements cosmiques et les parent des incertitudes du rêve – d'où partiraient-ils si nos impulsions radicales ne descendaient et ne montaient pas la pente de nos faiblesses? Et les désirs, pourquoi n'ont-ils pas un cours ferme? Qui fait le lien entre les pulsions, si ce n'est le mélange des affirmations et des négations du sang? – Si nos instincts avaient une direction, et nos faiblesses une autre, ne serions-nous pas deux fois parfaits, n'atteindrions-nous pas la perfection de deux manières? La rencontre paradoxale des penchants, l'inextricable lien des irréductibles créent cette tension qui compose et décompose si étrangement un être. – Et il n'est pas facile de porter les enfers doux et enivrants de la décadence sous le ciel monotone et frais de la barbarie, de se débrouiller dans la jeunesse avec le poids d'une immense vieillesse, de traîner des fins de siècle dans le frisson des aubes! Quelle étrange destinée que celle des êtres qui fleurissent en

212

automne, ayant perdu les saisons de la vie dans l'éternité désaxée des instants.

*

Pourquoi tourner les yeux vers le soleil lorsque tes racines font battre le pouls de la mort? Avec quelle furie et quelle douleur te jetteras-tu dans les abysses divins! Point de limite dans l'esprit ni d'horizon dans le monde pour arrêter la traînée du désespoir dans le désert de Dieu, ni de paradis qui fleurisse désormais sur leur malheur commun. Le Créateur rendra son dernier souffle dans la créature — dans la créature sans souffle.

Quel goût de cendres émane d'au-delà les mondes!

*

En tête à tête avec le Diable. — Pourquoi se montre-t-il plus rarement que Dieu? Ou vit-on trop *diaboliquement* ce dernier, en sorte que cet étrange mélange rende superflue la révélation de l'essence pure de Satan?

La voie des désirs quotidiens monte de la terre au ciel. Le chemin inverse est plus rare. C'est pourquoi le Diable est une *éventualité terrible,* moins fréquente que son grand Ennemi.

*

Lorsque l'esprit se libère de l'être, la volupté n'a plus de préférence entre plaisir et douleur. Elle les couronne tous deux.

L'étrange perfection des sensations suspend les différences. Douleur et plaisir deviennent synonymes.

*

Pourquoi en pensant, on perd d'abord le cœur et ensuite l'esprit?

*

Le charme de l'angoisse consiste dans l'horreur des solutions, dans le fait de *tout savoir* dès le questionnement. Chaque réponse est entachée d'une nuance de vulgarité. La supériorité de la religion vient de la croyance que seul Dieu peut *répondre*.

*

Je voudrais m'enterrer dans les pleurs des hommes, faire de chaque larme une tombe.

*

Tout ce que l'homme crée se retourne contre lui. Et non seulement tout ce qu'il crée, mais aussi tout ce qu'il fait. Dans l'histoire, un pas en avant est un pas en arrière. De tout ce qu'il a conçu et vécu, rien ne se retourne plus contre lui que la solitude.

*

Pourquoi donc les souvenirs n'ont-ils plus de lien avec la mémoire? Et les passions, pourquoi ont-elles perdu leur enracinement dans le sang? Du balkanisme céleste...

*

Les rayons épars qui émanent de Dieu ne se montrent à toi qu'au crépuscule de l'esprit.

*

La proximité de l'extase est le seul critère pour une hiérarchie des valeurs.

*

L'expérience *homme* a réussi uniquement aux instants où celui-ci se croyait Dieu.

*

Le temps se déchire en ondes vagues, comme une écume solennelle, chaque fois que la mort accable les sens de ses charmes en ruine, ou que les nuages descendent avec tout le ciel dans les pensées.

*

J'expie l'absence de déception de nos aïeux, j'endure les suites de leur bonheur, je paie chèrement les espoirs de leur agonie, et je fais pourrir, en vivant, la fraîcheur de l'ignorance ancestrale. – Voilà le sens de la décadence.

Et sur le plan de la culture, quelques siècles de création et d'illusions – qui devront être irrémédiablement rachetés en inconsolation et en lucidité. Alexandrinisme...

Il n'est pas facile de payer pour tous les paysans d'autres siècles, de ne plus avoir de la terre dans le sang... ni de se baigner dans les lueurs déclinantes de l'esprit...

*

Ce n'est que dans la musique et les frémissements de l'extase, en perdant la pudeur des limites et la superstition de la forme, que nous parvenons à ne plus séparer la vie de la mort, que nous atteignons la pulsation unitaire de mort vitale, de communion entre l'existence et l'extinction. Les gens perçoivent, par la réflexion ou par leurs illusions, ce qui, dans le devenir musical, est charme équivoque d'éternité, flux et reflux du même motif. La musique est du temps absolu, substantialisation d'instants, éternité éblouie par des ondes sonores...

Avoir de la « profondeur » signifie ne plus se laisser abuser par des distinctions, ne plus être l'esclave des « projets », ne plus désarticuler la vie de la mort. En faisant fondre le tout en une confusion mélodique des mondes, l'agitation infinie, obscure, composée d'éléments variés, se purifie en un frisson de néant et de plénitude, en un soupir qui monte des derniers tréfonds de l'être et nous laisse éternellement un goût de musique et de fumée...

*

L'existence des gens se justifie par les réflexions amères qu'elle nous inspire. Devant un tribunal de l'amertume tous seront acquittés, en premier lieu la femme...

*

Rien ne peut te satisfaire, pas même l'Absolu — uniquement la musique, ce déchirement de l'Absolu.

*

Ce n'est qu'en nous enivrant de nos propres péchés que nous pouvons porter le fardeau de la vie. Il faut convertir chaque absence en délice : par le culte, élevons nos déficiences. Autrement, on étouffe.

*

Toi qui as voulu renverser les mondes, quelles fautes te lient encore au vain paradis de deux yeux remplis d'infini et de vide?

Dieu, en prévoyant la chute de l'homme, lui a offert l'illusoire compensation de la femme. Grâce à elle, put-il oublier le Paradis? Le besoin religieux donne une réponse négative.

*

Un symposium qui réunirait Platon et les Romantiques allemands dirait presque tout sur l'amour.

Mais l'essentiel – c'est le Diable qui devrait l'ajouter.

*

Celui qui a refusé la sainteté, mais non le renoncement au monde, fait d'une Divinité désabusée le but de son devenir.

*

Lorsque tu t'adresses à Dieu, invoque-le par le *pronom,* sois seul – pour pouvoir *être* avec Lui. Autrement tu es *homme* – et tu ne resteras jamais face à face avec Sa solitude.

*

La théologie n'a gardé pour Dieu que le respect de la majuscule.

*

Il y a tant de noblesse cruelle, et tant d'art, dans le fait de dissimuler ses souffrances à ses semblables, de jouer le rôle d'un cancéreux espiègle...

*

Lorsque l'azur fond en gouttes d'ennui, et distille une immensité de bleu et de désolation, je me défends de moi-même et du ciel dans les eaux méditerranéennes de l'esprit.

*

On se purifie du malheur dans les accès de haine festive, ou en réduisant tout à rien, et d'abord l'amour; on nettoie son moi de toutes les impuretés de la nature. Celui qui ne peut haïr ne connaît aucun des secrets thérapeutiques. Chaque rétablissement commence par une œuvre de destruction, ainsi se gagne la pureté. Nous ne sommes nous-mêmes qu'en nous piétinant impitoyablement nous-mêmes.

*

Une vérité qu'on ne devrait jamais dire à personne : il n'y a que des souffrances physiques.

*

Dans les tentations de l'amour, il n'y a plus d'espace entre moi et la mort.

L'absolu s'installe au terme d'un érotisme purifié de l'univers. Tout ce qui dépasse l'amour terrestre bâtit les fondements de Dieu. L'impossibilité de concilier l'amour et le monde...

*

Plus qu'en toute autre chose, en amour on *est* et l'on *n'est pas*. La non-différenciation entre la mort et la vie est une caractéristique de l'acte de tomber amoureux.

218

*

En étant théologien ou cynique, on peut supporter l'histoire. Mais ceux qui croient en l'homme et en la raison, comment ne deviennent-ils pas fous de déception, comment gardent-ils leur équilibre dans le démenti perpétuel des faits? Mais, en appelant à Dieu ou au dégoût, on se débrouille aisément dans le devenir... L'oscillation entre la théologie et le cynisme est la seule solution à la portée des âmes blessées.

*

Ces nuits cruelles, longues, sourdement hostiles, avec des orages noyés dans les eaux mortes des pensées — qu'on supporte par la soif curieuse de savoir comment on va répondre à cette question muette : « Vais-je ou non me tuer d'ici l'aube? »
La matière est imbibée de douleur.

*

Lorsque l'esprit a grandi par-delà les crêtes du monde, le caractère étroit de la vie vous fait éprouver les frissons d'un éléphant dans une serre.

*

Quelles vagues folles de mers inconnues frappent mes paupières et envahissent mon esprit? — Quelle grandeur la fatigue d'être homme ne cache-t-elle pas!

*

Le souvenir de la mer durant les nuits blanches nous donne, plus que l'orgue ou le désespoir, l'image de l'immensité. – L'idée d'infini n'est que l'espace que crée dans l'esprit l'absence du sommeil.

*

Sur le cadran solaire d'Ibiza était écrit : *Ultima multis*. ... Sur la mort, on ne peut parler qu'*en latin*.

*

Qui a une opinion arrêtée sur une chose quelconque, prouve qu'il n'a approché aucun des secrets de l'être.
L'esprit est par essence pour et contre la nature.

*

Dans un corps épuisé par les insomnies, brillent deux yeux égarés dans un squelette. Et dans le charme bouleversant du tressaillement, on se cherche à travers ce qu'on n'a pas été, et qu'on ne sera jamais...

*

Un homme ne peut parler *honnêtement* que de lui et de Dieu...

*

On se trouve au sein de la vie chaque fois qu'on dit – *de tout cœur* – une banalité..

*

Par quel secret nous réveillons-nous certains matins avec toutes les erreurs du Paradis dans les yeux? A quel gisement de la mémoire des larmes intérieures s'abreuvent-elles de bonheur, quelles lumières anciennes soutiennent l'extase divine, au-dessus du désert de la matière?

...dans de telles matinées, je comprends la non-résistance à Dieu.

*

L'avenir : le désir de mourir, traduit dans la dimension du temps.

*

La noblesse de ne jamais pécher contre la mort...

*

L'univers a allumé ses voix en toi, et toi, tu passes sur le boulevard...

Le ciel brûle ses ombres dans ton sang, et toi, tu souris à tes semblables... Quand renverseras-tu les cloîtres de ton cœur sur eux?

Il y a tant d'inattendu et d'indécence dans l'infini de l'âme — comment la stérilité des os et le surmenage de la chair les supportent-ils?

*

Le charme de la tristesse ressemble aux ondes invisibles des eaux mortes.

*

Le besoin de consigner toutes les réflexions amères, par l'étrange peur qu'on arriverait un jour à ne plus être triste...

*

N'ayant pas, comme les mystiques, l'extase à sa portée, on découvre les régions les plus profondes de l'être dans les rechutes graves de la fatigue... Les idées refluent vers leur source, plongent dans la confusion originaire, et l'esprit flotte sur les fonds de la vie.

La perception aiguë du monde, dans les fatigues hallucinées, dépouille les choses de leur éclat trompeur, et plus rien n'empêche d'accéder à la zone originaire, pure comme une aurore finale. C'est ainsi que disparaît tout ce que le temps a ajouté aux virtualités initiales. L'existence se dévoile comme telle : à la remorque du néant — et ce n'est pas le Rien qui se trouve à la limite du monde, mais le monde à celle du Rien.

La fatigue en tant qu'instrument de connaissance.

L'esprit baigné dans la lumière nocturne du désespoir.

*

L'esprit a trop peu de remèdes. Car nous devons d'abord guérir de lui-même. On se rapproche de la nature et de la femme, on les fuit et l'on y revient toujours, malgré la peur de l'insupportable bonheur. Il est des paysages et des étreintes qui laissent un goût d'exil — comme tout ce qui mêle l'absolu et le temps.

*

On est incurablement pris au leurre de la vie, lorsqu'en regardant le ciel dans les yeux d'une femme, on ne peut oublier *l'original*.

Pouvoir souffrir avec folie, courage, sourire et désespoir.

L'héroïsme n'est que la résistance à la sainteté.

Le danger, dans la souffrance, c'est d'être *gentil* : d'endurer avec compréhension. Ainsi, de l'homme qu'on était, fait de chair infiniment mortelle, on se sent glisser en une icône.

Ne deviens pour personne exemple de perfection; détruis en toi tout ce qui est figure et modèle à suivre.

Que les hommes apprennent de toi à craindre les voies de l'homme. Tel est le but de ta souffrance.

*

L'esprit − arraché des racines − est resté seul avec lui-même.

*

Toutes les questions se réduisent à celle-ci : comment pouvoir ne pas être le plus malheureux?

*

Ce qui n'est pas touché par la maladie est vulgaire, et ce qui ne souffle pas la mort est dénué de secret.

*

Chant sourd des profondeurs : la maladie fait sa prière dans les os.

*

La vie ne mérite d'être vécue que pour les délices qui fleurissent sur ses ruines.

*

Lorsqu'on trouve une certaine noblesse à la lamentation, le paradoxe est la forme sous laquelle l'intelligence étouffe les pleurs.

*

Quelles aurores réveilleront mon esprit enivré d'irréparable?

CHAPITRE XIII

Quand cesserai-je de mourir?

Il y a des blessures qui demandent l'intervention du Paradis.

Avec tous les péchés, et avec aucun, l'esprit s'est assis au fond de l'enfer et les yeux regardent, immobiles, vers le monde.

Lorsqu'on aime la vie avec passion et dégoût, seul le diable a pitié de vous et offre l'abri fatal à votre douleur hébétée.

*

Ces déchirements de la chair et ces démences de la pensée, lorsqu'on succomberait à la sainteté totale si Dieu nous venait en aide. Ses hésitations nous gardent encore dans le monde.

Mon Dieu, pourquoi ne m'as-tu pas fait un idiot éternel sous tes voûtes imbéciles?

*

L'esprit : de la chair frappée d'une folie transcendante.

*

Le combat n'a pas lieu entre l'homme et l'homme, mais entre l'homme et Dieu. C'est pourquoi ni les problèmes sociaux, ni l'histoire ne peuvent rien résoudre.

*

La pensée de Dieu ne sert que pour mourir. — Ce n'est pas volontiers qu'on se dirige vers lui, mais parce qu'on n'a pas le choix.

*

Personne ne peut savoir s'il est croyant ou non.

*

En regardant tant et tant d'individus qui s'enterrent dans une idée, dans une vocation, un vice ou une vertu, on s'étonne que la distance aux choses dont les hommes disposent soit si infime. Auraient-ils *vu* si peu? Que ne sont-ils atteints par la connaissance, qui ne permet aucun acte? Le *savoir* ne supporte la nature que par notre volonté de rester en elle. On s'agite alors entre des objets et des idéaux, adhérant à des miettes de passions, accordant par piété et amertume un souffle d'existence aux ombres en quête d'être.

L'univers n'est pas *sérieux*. On doit s'en *moquer* tragiquement.

*

Faire est l'antipode de *savoir*.

*

Les indécisions entre le ciel et la terre nous vouent à un destin de Janus, dont les visages deviendraient un seul dans la douleur.

Le cœur suspendu entre le frémissement et le doute : un sceptique ouvert à l'extase.

Le crépuscule des pensées

*

Les après-midi du dimanche — plus que les autres — la raison se dévoile comme une absence de ciel, et les idées des étoiles noires sur le fond vide de l'éternité. L'ennui naît d'un ultime recouvrement des sens, détachés de la nature.

Dans l'étendue cosmique du spleen — bâillement de l'univers — les forêts semblent se pencher pour vous hisser en un triomphe de feuilles, le cœur perdu parmi les brindilles mortes.

La musique de l'ennui naît du frémissement du temps — des accents sourds de l'extinction du temps.

*

Mon cœur — traversé par le ciel — est le point le plus éloigné de Dieu.

Rien ne peut me faire oublier la vie, quoique tout me la rende étrangère. A égale distance de la sainteté et de la vie.

*

Je n'ai pas la force d'endurer les splendeurs du monde : parmi elles, j'ai perdu mon souffle et je n'ai plus de voix que pour le désespoir de la beauté.

*

Les hommes fuient autant la mort que sa pensée. Je me suis lié pour toujours à celle-ci. Pour le reste, j'ai couru en rang avec les autres — si ce n'est même plus vite qu'eux.

*

L'ennui hante une âme érotique qui ne trouve pas l'absolu en amour.

*

Pour couvrir fastueusement le drame de l'existence, lance par l'esprit un feu d'artifice; entretiens-le jour et nuit; crée auprès de toi l'éclat éphémère et éternel de l'intelligence affolée par son propre jeu; fais de la vie un scintillement sur un cimetière. Car l'âme de l'homme n'est-elle pas une tombe en flammes?

Donne un cours génial aux sensations; impose au corps le voisinage des astres; la chair, élève-la par la grâce ou par le crime jusqu'au ciel – et que ton symbole soit : une rose sur une hache.

Apprends la volupté d'accorder aux idées l'espace d'un instant, d'aimer l'être sans lui permettre un but, d'être toi-même sans toi.

Apprends les attentes rêveuses au milieu de la nature, en regardant les ailes d'un ange toucher la broderie déchirée des nuages.

...Et en imaginant que tu voles vers les profondeurs de la vie et que tu as caressé de l'aile des inconsola-tions un ciel de lie, insuffisant à étancher ta soif des abysses.

*

Combien peuvent dire : « Je suis un homme pour lequel le Diable existe? » – Comment ne pas sentir une communauté de destin avec ceux qui sont enclins à une telle confession?

*

Une image complète du monde pourrait se tirer des pensées qui naissent durant les insomnies d'un assassin,

228

adoucies d'un parfum émanant des égarements d'un ange.

*

Quoi qu'on fasse, après avoir perdu l'appui en soi-même, on n'en trouvera plus d'autre qu'en Dieu. Et si, sans *Lui,* on peut encore respirer, sans son *idée* l'on se perdrait dans les abandons de l'esprit.

Ce qui fascine dans le désespoir, c'est qu'il nous jette tout d'un coup devant l'Absolu : un saut organique, irrésistible, aux pieds de l'Ultime. Après quoi l'on commence à penser, et à clarifier (ou obscurcir) par la réflexion la situation issue de la colère métaphysique du désespoir.

Séparés de nos semblables par l'insularité fatale du cœur, nous nous accrochons à Dieu pour que les mers de la folie n'élèvent pas les vagues plus haut que notre solitude.

*

Comme dans la poésie, on ne croit en rien, on ajoute un degré de charme à l'inspiration, car le nihilisme est un supplément de musique; tandis que dans la prose il faut adhérer à quelque chose, pour ne pas rester nu devant le vide des mots. Être penseur n'est pas une chance, lorsque l'esprit ne se tourne plus vers les vérités « élevées », produits de l'aveuglement.

*

Le seul but de la terre est d'absorber les larmes des mortels.

*

La musique nous montre ce que serait le temps au ciel.

*

Il y a une sorte de chant dans chaque maladie.

*

On ne peut plus jeter un pont entre l'homme poursuivi par la mort et ses semblables. Et quoi qu'il fasse — les tentatives d'approche ne font qu'approfondir un précipice et accentuer une fatalité.

Avec ton prochain, il faut être indifférent ou gai. Mais si tu ne connais que l'exaltation et la tristesse, ton but est irrémédiablement parallèle au sort des hommes. Et l'on arrive doucement à ne plus rencontrer personne, jamais.

*

Dans la tristesse — la mort et la folie se trouvant en compétition — les espoirs persécutés reviennent en pensées assassines. Et de l'imbécile humain qu'on a été, on devient l'otage du non-être.

Pourquoi les ombres de l'éternelle bêtise et la fraîcheur de l'ignorance ne s'étendent-elles pas sur moi? Les fièvres d'une steppe de désespoir...

Dans un cerveau défunt, les temps partis en croisade vers la destruction ne pourront pas tuer le souvenir d'un Dieu créé des soupirs et de la solitude.

*

Dans le monde où je n'ai plus personne, je ne dispose plus que de Dieu.

*

Le silence qui suit les grandes intensités : l'inspiration, la sexualité, le désespoir. C'est comme si la nature s'était enfuie et que l'homme était resté sans horizons dans une veillée voisine de l'anéantissement. — La nature est une fonction des fièvres de l'âme. L'existence se crée au moment subjectif par excellence. Car rien *n'est,* hormis les envahissements du cœur.

*

L'homme souffre d'une impuissance à évacuer l'angoisse. Il n'a réussi à élargir l'horizon de la raison que par la terreur.

*

... La soif d'un paradis de l'indulgence, bâti sur un sourire des dépravations célestes.

*

La névrose est un « complexe de Hamlet » automatique. Elle accorde à qui en est atteint les attributs du génie, sans le support du talent.

*

L'indécision entre la terre et le ciel te transforme en saint négatif.

*

Sur les cimes des Alpes ou des Pyrénées, avec les nuages au-dessous de moi, appuyé contre la neige et le ciel, j'ai compris :

— que les sensations doivent être plus pures que l'air
raréfié des hauteurs, — qu'elles ne doivent contenir ni
l'homme, ni la terre, ni aucun objet du monde, — que
les instants sont des brises d'extase et le regard un
tourbillon d'altitude;

— que les pensées caressent l'éclat des choses qui ne
sont plus comme le murmure mélancolique du vent qui
touche l'azur et la neige. Que toutes les crêtes des
montagnes, où tu ne fus pas homme, se reflètent dans
ton esprit, et tous les bords de mer où tu ne fus pas
triste. L'ennui se fait musique au bord de la mer, et
extase sur les sommets des montagnes;

— qu'il n'y a plus de « sentiments » : car vers qui se
dirigeaient-ils? Chaque fois que tu cesses d'être homme,
tu ne « sens » plus que les puissances du non-être;

— qu'on ne peut plus vivre que dans l'égarement.
Retourne sur tes pas et marche vers les étoiles. Répète
chaque jour la leçon de cette nuit-là, où les astres se
sont révélés à toi dérisoirement seuls.

*

Après chaque voyage, le progrès vers le néant vous
lie incurablement au monde. En découvrant des beautés
nouvelles, on perd, par leur attraction, les racines qui
avaient poussé lorsqu'on ne les soupçonnait pas. Une
fois pris par leur charme, dans l'odeur de « non-monde »
qui émane d'elles, on s'élève vers un vide pur, agrandi
par la ruine des illusions.

A croire en moins de choses, je meurs davantage à
l'ombre de la beauté : aussi, n'ayant rien qui puisse
encore m'attacher à la vie, n'ai-je plus rien qui puisse
me retourner contre elle. Je n'ai commencé à l'aimer
qu'au fur et à mesure de la dispersion de mes espoirs.
Lorsque je n'aurai plus rien à perdre, je serai un avec
elle.

*

Le « don-juanisme » est le fruit d'une sainteté mal utilisée. – Dans toutes les déclarations d'amour, je sentais que seul l'Absolu importe – et c'est pourquoi je pouvais en faire autant que je voulais, et à n'importe qui.

*

Les lambeaux de neige sur le fond gris des montagnes par les matinées d'été : les débris d'un ciel immémorial.

*

Les idées sont des mélodies défuntes.

*

Dans l'impuissance à dévoiler aux hommes les causes de notre cœur, sans Dieu, nous aurions dû y laisser rouiller des poignards. – Le cœur se penche naturellement vers la fleur du suicide au milieu de ce jardin d'égarements qu'est la vie.

*

Le sort de l'homme est dans l'absence continue des « maintenant » et dans la fréquence insistante des « autrefois » – ce mot de la fatalité : un inguérissable frisson de perdition s'élève de sa résonance prolongée.

*

Rien ne touche plus les naïvetés du sang que l'intervention de l'éternité. Quel malheur déverserait-elle sur la fraîcheur des désirs, pour les disperser et les anéantir sans laisser trace? L'éternité n'est pas faite des souffles de la vie : son prestige funèbre étouffe les élans et réduit la réalité à une absence.

Sur les vagues de néant qui recouvrent l'être sans entraves, seuls les désirs soufflent une brise d'existence.

*

Dans toutes les religions, seul ce qui concerne la douleur est fructueux pour une réflexion désintéressée. Le reste n'est que pure législation, ou métaphysique d'occasion.

*

Dans l'ennui, le temps remplace le sang. Sans l'ennui, nous ne saurions pas comment coulent les instants, ni même qu'ils existent. − Lorsqu'il se déclenche rien ne peut l'arrêter : on s'ennuie alors *avec tout le temps*.

*

Le but du penseur est d'inventer des idées poétiques, de suppléer au monde par des images absolues, fuyant la généralité des lois. L'essence de la nature se révèle dans le refus de l'identité et l'horreur des principes. − La pensée germe sur la ruine de la raison.

*

J'aime les regards qui ne servent pas la vie et les sommets sur lesquels j'entends le temps. (L'âme n'est pas contemporaine au monde.)

*

Il y a des pays où je n'aurais pu rater même un seul instant, l'Espagne par exemple. Et il y a des endroits grandioses et sombres, où la pierre défie les espoirs, où sur les murs s'étale paresseusement l'éternité qui se souvient du temps, des lieux privilégiés pour la sieste de la Divinité – des lieux qui obligent à être soi-même de manière absolue : en France, le Mont-Saint-Michel, Aigues-Mortes, les Baux et Rocamadour. En Italie – toute l'Italie.

*

L'ennui absolu se confond avec l'objectivation charnelle de l'idée de temps.

*

Une pensée doit être étrange comme la ruine d'un sourire.

*

L'espace où tournoie l'esprit me semble lointain et privé de sens, comme un Uruguay céleste.

*

Le défaut de tous les hommes qui croient en quelque chose consiste dans la dépréciation de la mort. Ne saisissent celle-ci comme un absolu que ceux qui ont un sens aigu du caractère accidentel de l'individuation, de l'erreur multiple de l'existence. L'individu est un échec *existant,* une erreur qui affronte la rigueur de tout principe. Ce n'est pas la raison qui te confronte à la mort, mais la condition unique d'individu. Qui a des convictions masque ce drame de l'unicité. Retourne-toi vers la mort nu et purifié, – sauf des édulcorations de l'esprit, des atténuations des idées. Il faut la regarder en face, avec la virginité intérieure des moments où l'on ne croit en rien – bien plus : comme martyr du Rien.

*

L'amour de la vie, pleine de frémissement et de douleur, ne tente que ceux qui sont submergés de dégoût. Certaines matinées fleurissent, subitement, dans le désert des fatigues et nous figent, immobiles, dans les bras de l'existence.

Dans le dégoût de tout, l'immense dégoût qui émane de la torpeur du sang et des idées, de fugitives révélations de bonheur font irruption, qui s'étendent, équivoques, sur nos soupirs, comme des tombeaux d'azur. On cherche alors un équilibre entre le dégoût à être et à ne pas être.

*

Une horde d'anges ou de diables a posé sur mon front la couronne de l'ennui. Mais elle ne peut faire ombre à la puissance des espoirs vains d'un cœur passionnément épris du monde.

C'est le ciel, et non la terre, qui m'a rendu « pessimiste ». *L'impuissance à être,* consécutive à la pensée de Dieu...

*

Dans la mystique, il y a de la souffrance, une infinie souffrance. Mais non de la tragédie. L'extase est l'antipode de l'irréparable. La tragédie n'est possible que dans la vie *comme telle, ce manque d'issue,* rempli de grandeur, d'inutilité et de chute. – Shakespeare est grand, parce que chez lui aucune idée ne triomphe : uniquement la vie et la mort. Qui « croit » en quelque chose n'a pas le sens du tragique.

*

Après un certain temps, on ne pense plus au spleen : on le laisse penser sur lui-même. Dans le vague de l'âme, l'ennui tend vers la substance. Et il y arrive : *substance de vide.*

*

Pour celui qui, près de l'Absolu, ne peut échapper aux tentations de la vie, aucun suicide ne saura mettre fin à sa dimension intérieure. Rien ne l'aide à résoudre le drame cruel de l'esprit. Le caractère insoluble de la pensée s'épuise dans ce conflit. Le charme du réel pèse lourd sur la balance, et il n'y a pas moyen de l'annuler, bien que les idées glissent sur la surface luisante du non-être. Vivre sensuellement dans le rien...

Lorsque tu as trop passionnément aimé la vie, qu'as-tu cherché parmi les pensées? L'esprit est une erreur immense chaque fois que les faiblesses accordent à la vie des prestiges d'axiome.

*

Je suis un Sahara rongé de voluptés, un sarcophage de roses.

*

Les rues désertes dans les grandes villes : il semble que dans chaque maison quelqu'un se pend.

... Et ensuite mon cœur – potence à la mesure de je ne sais quel diable.

*

La sainteté est le plus haut degré d'activité à laquelle on puisse arriver sans les moyens de la vitalité.

Le crépuscule des pensées

*

Le nihilisme : la forme limite de la bienveillance.

*

L'ennui est tour à tour vulgaire et sublime. – Ainsi de l'univers qui tantôt sent l'oignon, tantôt semble émaner de la gratuité d'un rayon de lumière.

CHAPITRE XIV

Je ne me sens « chez moi » que sur les bords de la mer. Car je ne saurais me bâtir une patrie que de l'écume des vagues.

Dans le flux et le reflux de mes pensées, je sais trop bien que je n'ai plus personne : sans pays, sans continent, sans monde. Resté avec les soupirs lucides des amours fugaces dans des nuits qui réunissent le bonheur et la folie.

*

La seule excuse pour la passion des vanités : vivre *religieusement* l'inutilité du monde.

Dieu m'est témoin que j'ai mélangé le ciel à toutes les sensations, que j'ai hissé une voûte de regrets au-dessus de chaque baiser et un azur d'autres désirs au-dessus de cet évanouissement-là.

*

Rien ne sert moins la nature que l'amour. Quand la femme ferme les yeux, nos regards glissent sur ses paupières à la recherche d'autres firmaments.

*

Dans les désespoirs subits et non fondés, l'âme est une mer où Dieu s'est noyé.

239

*

Le seul contenu positif de la vie est un contenu négatif : la peur de mourir. La sagesse – mort des réflexes – la vainc. Mais comment ne plus avoir peur de la mort sans tomber dans la sagesse? Sans détacher, d'aucune manière, le fait de vivre de celui de mourir, en rencontrant la vie et la mort dans la *volupté de la contradiction*. Sans les délices de celle-ci, un esprit lucide ne peut plus tolérer les oppositions de la nature, ni souffrir les problèmes insolubles de l'existence.

*

Sur la dernière marche de l'incurable, on se décide pour Dieu. *Croire* signifie mourir *avec les apparences de la vie*. La religion adoucit l'absolu de la mort, pour pouvoir attribuer à Dieu les vertus qui résultent de cette diminution. Il est grand dans la mesure où la mort n'est pas tout. Et jusqu'à maintenant personne n'a eu l'insolence de soutenir – hormis les erreurs de l'enthousiasme – qu'elle ne serait pas tout...

*

Plus je perds la foi dans le monde, plus je *suis* en Dieu, sans *croire* en lui. Serait-ce une maladie secrète ou un honneur de l'esprit et du cœur, qui fait qu'on est en même temps sceptique et mystique?

*

Le malheur n'a pas de place dans l'univers des mots.

*

L'éternité n'est que le fardeau de l'absence du temps. C'est pour cela que nous ne la sentons nulle part plus

240

intensément que dans la fatigue — sensation physique de l'éternité.

Tout ce qui n'est pas temps, tout ce qui est plus que le temps, naît d'un tarissement profond, de la torpeur méditative des organes, de la perte du rythme de l'être. L'éternité s'étend sur les silences de la vitalité.

*

Par tout ce que je suis moi-même, j'ai brisé mes barrières. L'esprit pourra-t-il les refaire en s'annulant dans la certitude des aveuglements? Par quelles merveilles ou quels sortilèges pourrions-nous faire marcher la connaissance en arrière? Quand les insomnies battront-elles en retraite? On ne peut sauver l'être sans les lâchetés de l'esprit.

Jusqu'à quand le but du cœur sera-t-il de chanter les agonies de la raison? Et comment mettre fin à l'esprit harcelé entre le doute et le délire?

*

Le lyrisme est le maximum d'erreur par lequel nous pouvons nous défendre des suites de la connaissance et de la lucidité.

*

Ne pas faire de différence entre le drame de la chair et celui de la pensée... Avoir introduit le *sang* dans la logique...

*

Le dégoût du monde : l'irruption de la haine dans l'ennui. Ainsi s'introduit dans le vague de l'ennui la qualité religieuse de la négation.

La vie me semble un cloître où l'on chercherait refuge pour oublier Dieu, et dont les croix perceraient le rien du ciel.

*

Après que l'âme a filtré Dieu, la lie qui reste devient — comme une punition — sa substance.

*

Tout est inutile et sans but — hormis peut-être la mélodie cachée de la souffrance. Mais après avoir beaucoup enduré, on a le droit de considérer le monde comme un prétexte esthétique, un spectacle de la compréhension noble et maladive. On souffre alors *en dehors* de la souffrance. Personne ne saura par quelles richesses de douleurs on devient esthète *religieusement*.

*

Les pensées surgissent de l'ascèse des instincts, et l'esprit rend veuves les puissances de la vie. Ainsi l'homme devient *fort* — mais sans les moyens de la vitalité. Le phénomène humain est la plus grande crise de la biologie.

*

Ne pouvant prendre sur moi la souffrance des autres, j'en ai pris les doutes. Dans la première manière, on finit sur la croix; dans la seconde, le Golgotha monte jusqu'au ciel.

Les souffrances sont infinies; les doutes interminables.

242

Le crépuscule des pensées

*

Lorsqu'on ne peut plus prier, au lieu de *Dieu* on dit *Absolu*. La primauté de l'abstrait est un manque de prière. *L'Absolu* est un Dieu en dehors du cœur.

Nous avançons dans le processus d'épuisement de la personne divine au fur et à mesure que nous introduisons le culte de l'inutilité dans l'esprit. A quoi nous servirait l'Absolu? Dans l'éternité, tout est inutile. L'élan mystique doit être purifié par la noblesse du geste esthétique. Approchons-nous des dernières racines de l'être avec un maximum de style. Prêtons au Jugement dernier même le prestige de l'art, et fondons-nous dans le but final du monde dans une pathétique négation de nous-mêmes. Pour une sensibilité élevée, l'Absolu est un fragment gratuit du Rien, comme d'une statue brisée.

*

Pourquoi les hommes ne se sont-ils pas prosternés devant les nuages?

Parce que ceux-ci flottent plus légèrement sur le cerveau que sur le ciel.

*

Les pensées nées dans la terreur ont le secret et les yeux pétrifiés des icônes byzantines.

*

Toutes les voies mènent de moi vers Dieu, aucune de lui vers moi. C'est pour cela que le cœur est un absolu — et l'Absolu un rien.

*

L'exil intérieur est le climat parfait pour les pensées sans racines. On n'atteint pas l'inutilité grandiose de l'esprit tant qu'on a un lieu dans le monde. On pense – toujours – parce qu'on manque d'une patrie : l'esprit ne peut enfermer qui n'a pas de frontières. C'est pourquoi le penseur est un émigré dans la vie. Et lorsqu'on n'a pas su s'arrêter à temps, l'errance devient le seul chemin de nos peines.

*

La mélancolie introduit tant de musique dans l'effondrement de la raison!

*

Collés à l'immédiat, les gens se nourrissent de vulgarité. De quoi peut-on parler avec eux sinon des hommes? Et encore, des faits divers, des objets et des soucis, jamais des idées. Or il n'y a que le concept qui ne soit pas vulgaire. Mais la noblesse de l'abstraction leur est inconnue car, avares de leurs pouvoirs, ils ne sont pas capables de dépenser des énergies pour nourrir *ce qui n'est pas* : l'idée. La vulgarité : l'absence d'abstraction.

*

Le désaveu pathétique des choses fixe les deux pôles de la sensibilité; un amour sans amour et une haine sans haine. Et l'univers se transforme en un Rien actif, où tout est pur et sans utilité comme l'obscurité dans les yeux d'un ange.

*

La maladie est un délice désastreux, qu'on ne peut comparer qu'au vin et à la femme. Trois moyens par lesquels le moi est toujours plus et moins, des fenêtres vers l'Absolu, qui se referment dans les vastes obscurcissements de la raison. Car la folie est un obstacle que la connaissance se pose à elle-même – l'insupportable pour l'esprit.

*

Plus l'homme a des limites incertaines et plus il s'approche facilement de *l'absence de fond* chez Dieu. Aurions-nous rencontré celui-ci s'il était nature, personne ou autre chose? Nous pouvons dire de lui uniquement ceci : qu'il n'a pas de terme dans la profondeur. Ainsi l'homme, en se dirigeant vers l'immensité divine, n'a d'autre pont que l'indéfini. L'absence de fond est le point de contact entre l'abysse divin et l'abysse humain.

Notre tendance à perdre nos limites, notre penchant pour l'infini et la destruction, sont un frisson qui nous installe dans l'espace où s'exhale le souffle divin. Si nous nous en tenions aux limites de la condition individuelle, comment pourrions-nous glisser vers Dieu? Notre vague et notre incertitude représentent des sources métaphysiques plus importantes que la confiance dans une destinée ou l'abandon orgueilleux à un but. Les faiblesses de l'homme sont des possibilités religieuses : à condition qu'elles soient profondes. Car alors elles arrivent jusqu'à Dieu.

Les vagues de néant qui agitent l'être humain se prolongent en ondes jusqu'à l'absence infinie de la Divinité. – Le sens de l'homme n'est que dans l'absence de fond en Dieu.

*

Je suis moi aussi un martyr : je voudrais mourir pour des doutes. – Le scepticisme – sans un côté religieux – est une dégradation de l'esprit. Non pour les doutes de l'intelligence, mais pour ceux de la crucifixion. Qu'on enfonce de gros clous dans le noyau de l'esprit. Qu'on penche sa conscience, douloureusement, vers les horizons du monde; qu'on saigne avec le sourire. Quand allumerai-je des feux dans les idées? – Il y a tant de braise dans les oscillations de la pensée! Il n'est pas facile de douter en regardant vers Dieu!

A genoux, transpercerai-je la terre? Pousserai-je le refus de prière jusqu'au bout? Vais-je humilier Dieu de ma débauche surnaturelle?

Plus je monte vers le ciel, plus je descends fortement vers la terre.

L'esprit, détaché de tout, se dirige avec la même force dans des directions opposées. On ne peut adhérer à quelque chose sans faire des réserves équivalentes : toute passion réveille simultanément son antipode. Les contraires sont la substance de la respiration de l'homme. J'ai pour moi toutes les directions du monde, depuis que je ne m'appartiens plus.

Le paradoxe exprime l'incapacité à être *naturellement* dans le monde.

*

L'univers est une pause de l'esprit.

*

Le but du cœur est de devenir hymne.

*

En dernière analyse, le scepticisme ne surgit que de l'impossibilité de s'accomplir dans l'extase, de l'atteindre, de la vivre. Seul son aveuglement lumineux, déchirant et révélateur, nous guérit des doutes. Une mort de frissons balsamiques. – Lorsque le sang palpite jusqu'au ciel, comment douter? Mais qu'il est rare qu'il palpite ainsi!

*

Scepticisme : l'inconsolation de ne pas être au ciel.

*

Introduire des saules pleureurs dans les catégories...

*

Seulement dans la mesure où l'on souffre, on a le droit de s'attaquer à Jésus, de même qu'honnêtement, on ne peut être contre la religion si l'on n'est pas religieux. *De l'extérieur,* aucune critique ne prouve rien ni n'engage personne. Lorsqu'on attaque l'intérieur d'une position, de l'intérieur même de la position, on ne tire pas sur l'adversaire, mais sur soi-même. Une critique effective est une auto-torture. Le reste est un jeu.

*

L'histoire serait finie à l'instant où l'homme se fixerait dans une vérité. Mais l'homme ne *vit* véritablement que dans la mesure où toute vérité l'ennuie. La source du devenir est l'infinie possibilité d'erreur du monde.

Une époque s'appuie sur une vérité et croit en elle, parce qu'elle ne la pèse pas. Dès qu'on la met sur la balance, elle se transforme en une vérité *quelconque* – en erreur. Lorsqu'on *juge* tout – une certitude inébranlable devient un principe qui oscille sans raison.

On ne peut être lucide à l'égard d'une vérité sans la

compromettre. Un individu ou une époque doivent respirer *inconsciemment* dans l'inconditionnel d'un principe, pour le reconnaître comme tel. *Savoir* renverse toute trace de certitude. La conscience – phénomène limite de la raison – est une source de doutes, qui ne peuvent être vaincus que dans le crépuscule de l'esprit réveillé. La lucidité est un désastre pour la vérité, mais non pour la connaissance, sur les fondements de laquelle s'élève une architecture compliquée d'erreurs, nommée *esprit* – par besoin de simplification.

*

Mon esprit ne trouve plus de satisfaction que dans la métaphysique et dans le Livre de prières.

*

En chaque instant, Dieu soupire; car le temps est Sa prière.

*

Lorsque la chance et la santé nous comblent, nos pensées se recouvrent de cendres et l'esprit se retire.
Le malheur est le plus puissant stimulant de l'esprit.

*

Si le cœur se réduisait à son essence idéale, c'est-à-dire à la Crucifixion, des croix s'y dresseraient où se pendraient les espoirs – avec tout le charme vain de leur folie.

*

La lucidité : un automne des instincts.

*

Je n'ai pas peur des souffrances, mais de la résignation qui en suit. Si je pouvais souffrir éternellement, sans consolation et sans demander l'aumône!

La maladie situe aux limites de la matière : grâce à elle, le corps devient une voie vers l'Absolu. Car les défaites du corps font de la douleur un paradis dans le désastre.

La maladie sert à l'esprit, sans aucun détour. Ou peut-être plus : l'esprit est une maladie *sur le plan abstrait,* à l'instar de l'homme, *matière contaminée.*

*

Par la solitude, tout ce qui échappe au contrôle des sens – premièrement l'invisible – acquiert un caractère d'immédiateté. Être sans hommes et sans monde; c'est-à-dire se trouver, sans aucune médiation, dans l'essentiel. Ainsi s'ouvre dans un frisson rare la vision substantielle de la nuit, de la lumière, de la pensée. On y recueille alors *le reste absolu,* ce qui demeure d'une chose lors-qu'elle cesse d'exister pour les sens. On comprend le secret dernier de la nuit, mais les sens ne sentent plus la nuit. Ou l'on s'enivre de musique, et aucun son ne caresse plus l'oreille. La solitude impitoyable de l'esprit découvre le néant immaculé du fondement des appa-rences, la pureté divine ou démoniaque de la base de toutes choses. Et l'on comprend alors que le but ultime de l'esprit est de tomber malade de l'infini.

Quand sombrerai-je sans appel dans le Diable et en Dieu?

*

Au paradis, l'azur accomplissait pour nous la fonction de la terre. Les deux êtres humains marchaient sur un désert bleu. C'est pourquoi ils ne pouvaient *connaître* là-bas — tandis qu'ici sur terre, sur la couleur douloureuse de la terre, on n'a rien d'autre à faire.

Arrachez une fleur ou une mauvaise herbe et observez de quoi elle croît : du repentir solidifié.

*

La première larme d'Adam a mis l'histoire en branle. Cette goutte salée, transparente et infiniment concrète, est le premier moment historique, et le vide laissé dans le cœur de notre sinistre aïeul, le premier idéal.

Peu à peu, les hommes, perdant le don de pleurer, ont remplacé les larmes par les idées. La culture même n'est que l'impossibilité de pleurer.

*

Il y a une fatigue substantielle où toutes les fatigues quotidiennes se rassemblent, et qui nous dépose sans détour au milieu de l'Absolu. On marche parmi les hommes, on distribue des sourires, ou l'on cherche par habitude des vérités, et dans son for intérieur on s'appuie sur les fondements du monde. *On n'a pas le choix :* on y est poussé. On gît, bon gré, mal gré — dans les dernières couches de l'existence. La vie semble alors — cet *alors* dramatique de chaque instant — un rêve qui se déroule du paysage de l'Absolu, une chimère née de notre éloignement de tout. Et à glisser ainsi sur les pentes du cosmos illimité tout en devant s'accrocher au monde par de vagues instincts, la contradiction de notre sort est plus douloureuse que le réveil du printemps dans un cimetière de campagne.

L'homme est un naufragé de l'Absolu. Il ne peut *s'élever* vers celui-ci, mais seulement s'y noyer. Et rien ne le fait s'y noyer plus profondément que les grandes fatigues, ces fatigues qui ouvrent l'espace dans un bâillement de l'infini et de l'ennui.

Nous n'avons pas le droit, en tant qu'êtres, de regarder par-delà nos limites. Nous sommes devenus des *hommes,* sortis du paradis de l'être. Nous étions *Absolu,* maintenant nous savons que nous sommes *en* lui : ainsi nous ne sommes plus ni lui ni nous. La connaissance a érigé un mur infranchissable entre l'homme et le bonheur. – La souffrance n'est que la conscience de l'*Absolu*.

*

Les idées doivent être vastes et ondoyantes comme la mélodie des nuits blanches.

*

Ce qui est le plus vague, c'est-à-dire Dieu. Seule son Idée est plus vague que lui-même.

... Et ce Vague, depuis toujours, est la souffrance la plus déchirante de l'homme. La mort n'introduit en lui aucune précision – seulement dans l'individu. Car en mourant nous ne connaissons pas Dieu de plus près, puisque nous nous éteignons avec toutes les lacunes de notre être, et apprenons ainsi ce que nous ne sommes pas, ou ce que nous aurions pu être. C'est alors que la mort nous décharge pour la dernière fois du fardeau de la connaissance.

*

Cette peur de l'ennui qu'on ne peut comparer à rien... Un mal bizarre échauffe le sang et annonce le vide sourd qui vous ronge aux heures sans nom. Le Spleen s'approche, poison du temps versé dans les veines. Et la peur qui vous envahit appelle la fuite : c'est ainsi qu'on commence à ne plus avoir la paix nulle part.

*

Les désagréments de ce monde doivent être vécus jusqu'au divin et au diabolique. En aucun cas il ne faut en rester au stade des sentiments, mais tout rapporter à Dieu et au Diable *en même temps*.

*

Bach et Wagner, musiciens en apparence fondamentalement différents, se ressemblent en réalité beaucoup plus qu'on ne croit. Non par leur architecture musicale, mais par le substrat de leur sensibilité. Y a-t-il dans l'histoire de la musique deux créateurs qui aient exprimé de manière plus ample et plus complète l'état indéfinissable de la langueur? Que chez le premier elle soit divine et chez le second érotique, ou que l'un condense l'alanguissement de l'âme dans une construction sonore d'une rigueur absolue, quand l'autre fait traîner son âme dans une musique formellement languissante — cela n'infirme en rien la communauté profonde de sensibilité. Avec Bach, on n'est plus dans le monde à cause de Dieu, avec Wagner, à cause de l'amour. Ce qui importe est que tous deux sont décadents, qu'ils déchirent la vie en une sorte d'élan négatif et nous invitent à mourir en dehors de nous-mêmes. Et que tous deux ne peuvent être compris que dans la fatigue, dans les néants vitaux, dans les délices de l'anéantissement. Ni l'un ni l'autre ne peuvent servir d'antidote à la tentation de ne pas être.

*

De toute manière, la sexualité est mystérieuse, mais tout spécialement lorsqu'on n'appartient plus au monde. On revient alors à ses révélations avec un étonnement indicible, et l'on est obligé de se demander si en réalité on n'appartient vraiment plus au monde, subjugué qu'on est et conquis par un exercice si ancien.

Mais il se peut que le but de la pensée, partie sur ses voies propres, ne soit autre que la tension des contradictions et l'approfondissement de l'insoluble. Nulle part ailleurs que dans le renoncement au monde, on ne peut les atteindre si facilement. L'extase infinie et irréversible perce les hauteurs du détachement, crée une désorientation, source de problèmes, d'angoisses et de questions. Dans un esprit accablé par l'excès des pensées, les étreintes et l'orgasme réunissent des plans divergents et des mondes irréconciliables. Se réconcilient dans l'érotisme les deux faces de l'univers, l'hostilité de l'esprit et de la chair. Elles se réconcilient pour un moment. – Elle reprend ensuite, avec une force plus féroce et plus impitoyable. Ce qui importe, c'est de pouvoir encore s'en étonner. Et l'on ne doit laisser s'échapper aucune occasion de ce genre. Les autres hommes se soumettent aux étonnements de la chair, mais ne connaissent pas les étonnements qui surgissent à l'intersection de l'esprit et de la chair, ni le trouble plein de volupté et de souffrance de leur complicité.

*

La neurasthénie : moment slave de l'âme.

*

Si l'on n'avait pas d'âme, la musique l'aurait créée.

*

Tout ce qui ne relève pas de la nature est de la maladie. Le devenir historique en exprime les degrés. Ceux-ci ne sont pas des manques, mais des moments de crise dans l'élévation. Car la « santé » ne peut représenter un concept positif que jusqu'à l'apparition de l'esprit.

Le monde est issu du silence initial par l'exaspération

de l'identité. Nous ne pouvons pas savoir ce qui a « atteint » l'équilibre originaire, mais il est clair que l'ennui d'être soi-même, un affaiblissement de l'infini statique, a mis le monde en branle. – La maladie est un agent du devenir. Voilà son but métaphysique.

... Et c'est pourquoi dans chaque moment d'ennui reviennent des réflexes du spleen initial, comme si dans le paysage saturnien de l'âme s'étendaient des oasis du temps où les choses figées en elles-mêmes attendaient *d'être*.

*

Il y a tant de raison et de médiocrité dans l'institution du mariage, qu'il semble avoir été inventé par les forces hostiles à la folie.

*

Je ne voudrais pas perdre ma raison. Mais il y a tant de vulgarité à la garder! Veiller inutilement l'incompréhensible du monde et de Dieu, et tirer des souffrances de la science! Je suis ivre de haine et de moi.

*

La tristesse est un *don,* comme l'ivresse, la foi, l'existence et tout ce qui est grand, douloureux et irrésistible. La grâce de la tristesse...

TABLE

CET OUVRAGE
A ÉTÉ COMPOSÉ
ET ACHEVÉ D'IMPRIMER
PAR L'IMPRIMERIE FLOCH
À MAYENNE EN OCTOBRE 1991
POUR LES ÉDITIONS DE L'HERNE

N° d'édition : 9436. N° d'impression : 31142.
Dépôt légal : octobre 1991.
ISBN : 2-85197-216-2 — ISSN : 0440-7273.
(Imprimé en France)